ESTELAS DEL PASADO

Cuatro ensayos de tradición clásica

José Ramón del Canto

la lucerna
ENSAYOS

©del texto: José Ramón del Canto Nieto
©de la presente edición:
Ediciones La Lucerna
C/. Pare Bartomeu Pou, 18 2º
07003 Palma (Baleares)
http://www.lalucerna.net
info@lalucerna.net
Diseño de portada: Marco Spinazzola
Realización: Ediciones La Lucerna
Impresión: Romanyà Valls

ISBN: 978-84-124036-8-8
Depósito Legal: PM 00836-2025

Palma de Mallorca, octubre 2025

ESTELAS DEL PASADO

Cuatro ensayos de tradición clásica

José Ramón del Canto

Índice

NOTA INTRODUCTORIA

Cuando se pretende asignar título a una obra con el fin de definir o sugerir su lectura, el autor suele echar mano de las posibilidades que la lengua y la imaginación le ofrecen. Cuando quien intenta poner título es un filólogo, puede apoyarse además en el conocimiento de la etimología de aquello sustancial que el libro contiene. Pues bien, de esta manera, explicando el título, quizá podamos ofrecer algunos vislumbres de la variedad de ensayos que aquí se tratan.

Empecemos por la palabra "estela", un término polisémico que puede ofrecer una idea unitaria. Una primera acepción de esta palabra procedería de la raíz indoeuropea *aidh, "quemar" en sentido genérico, de donde el latín *aestus* "calor, fuego, agitación del mar, oleaje", que desemboca en el español "estela": "señal o rastro de espuma y agua removida que deja tras de sí una embarcación u otro cuerpo en movimiento (RAE). Este rastro puede referirse, por extensión, a cualquier acontecimiento histórico o cultural que pueda llegar hasta nuestros días o inundar el presente, como las olas llegan hasta la playa. En este mismo sentido, la palabra culta *aestuarium*, derivada del latín *aestum*, desemboca finalmente en "estero" o "estuario": "Terreno inmediato a la orilla de una ría, por donde se extienden las aguas de las mareas" (Dic. M. Moliner). Los estudios aquí seleccionados siguen, de uno u otro modo, estelas de algunos temas del mundo clásico hasta alcanzar nuestros días.

Hay otro significado, en este caso derivado de la raíz *ster, "estrella", de donde viene en latín stella y palabras derivadas como 'constelación' (figura conjunta de estrellas) o, como adjetivo, "estelar", es decir, "perteneciente o relativo a las estrellas" (RAE), entendido como aquello que tiene que ver con el luminoso panorama del cielo en las noches estrelladas, y también, de manera adjetiva, "sublime" o "extraordinario" (recordemos en este sentido el título de la magistral obra de Stefan Zweig, Momentos estelares de la humanidad).

Por último, de la raíz *stel, que en su sentido genérico significa "poner" o "colocar", derivaría la palabra griega stelē, que quiere decir "columna", de donde nuestro "estilita"; y también "estela", entendido ahora como un "monumento conmemorativo en forma de pedestal" colocado como testimonio funerario. Entre las plasmaciones escultóricas que han pervivido en estos monumentos, destacan figuras de personajes que, ante una muerte inminente, entregan en un cofre a los seres queridos que le sobrevivan los tesoros de su vida.

Unas palabras sobre el subtítulo: El concepto 'ensayo' ha de entenderse en un sentido amplio: Recuerdo que un Catedrático de la Facultad de Filología de la UCM, entre bromas y veras, decía que un ensayo era un artículo académico sin notas a pié de página. Los cuatro estudios que aquí reunimos parten de sendos artículos publicados en revistas académicas o libros colectivos de temas de la especialidad, como reseñamos (solo hemos corregido algunas erratas, actualizado algunos datos, o transliterado algunas palabras en griego en caracteres latinos). Pero frente a un registro científico puro, queremos también expresar inquietudes ¡digámoslo ya! más o menos literarias, o en cualquier caso, consideradas desde un punto de vista subjetivo.

El primero trata de los estilitas, hombres que en la Edad Antigua y Medieval del Mediterráneo oriental pasaron su vida en una columna (estela) por razones ascéticas. El estudio aborda, además de algunos apuntes históricos, la concepción que en este hecho subyace y temas más o menos arquetípicos como el Espacio sagrado y el Centro del Mundo, así como la transformación y pervivencia de estos motivos en la tradición literaria en autores como Luis Buñuel en su película *Simón del desierto*, Italo Calvino en su novela *El barón rampante* y Franz Kafka en su cuento *Un artista del trapecio*. Le sigue el estudio acerca de las Metamorfosis, entendidas como género literario en la Antigüedad (y no solo por Ovidio) y en el otro extremo su pervivencia en algunos relatos de Kafka, no solo *La Transformación* (tradicionalmente traducida como *La Metamorfosis*), sino también en cuentos como *Un informe para una Academia* y *El nuevo abogado*, donde se transgreden y cambian las estructuras del género. El siguiente ensayo, titulado *La contemplación de las estrellas como fuente de la mitología astral y la ciencia (a propósito de los Catasterismos de Eratóstenes)*, es fruto de las reflexiones de mi participación en un simposio que tuvo lugar en la Universidad Autónoma de Barcelona en el año 2014 bajo la batuta del profesor Jordi Pàmias i Massana. En él se intenta reconstruir el proceso por el que el panorama estelar nocturno, desde la noche de los tiempos, se fue cargando de imaginación y cómo desembocó en un simbolismo peculiar a través de nombres e imágenes de constelaciones que acabarían configurando también leyendas astrales, los llamados Catasterismos, cuyo más importante recolector fue Eratóstenes de Cirene. Por último, *La Odisea en la casilla de salida del juego de la Oca*, en colaboración con mi amigo Javier Almodóvar García, profesor de griego, ornitólogo y escritor, va describiendo las estelas que la obra fundacional de Homero ha dejado en este juego. Se señalan elementos desde el punto de vista histórico y folclórico que desembocan en los motivos del cuento popular, y otros arquetipos, como el tema del laberínto, los números, el simbolismo de la oca, y, una vez más, la concepción del espacio y el tiempo.

En cualquier caso, pretendemos, siguiendo las estelas que han guiado estos ensayos, resaltar la singularidad e importancia de las fuentes clásicas, hoy día vueltas a valorar en muchos aspectos, pero tristemente negadas en la Enseñanza.

Palma de Mallorca, octubre de 2025

Procedencia de los ensayos:

- Relato de estilitas... en *Erytheia* 23 (2020), 251-235.
- La metamórfosis... en *Epos* 23 (2007), 21-38.
- La contemplación... en Jordi Pàmias (Ed.) Erathostenes' Carasterisms. Receptions and Traslations, ed. Utópica Hering, pp. 15-34.
- La Odissea... en Javier Almodóvar y José Ramón del Canto Nieto, Amaltea, revista de mitocrítica (UCM) 11, 87-100

RELATOS DE ESTILITAS EN LA HISTORIA, EL CINE Y LA LITERATURA

1.- Las vidas de los estilitas[1] y de los dendritas, aquellos hombres que, llevados por su ideal ascético de santidad, pasaron su vida subidos en una columna (*stylos*) o en un árbol (*déndron*), parecen leyendas de tintes orientales; sin embargo, está probada su estricta historicidad en diversos lugares del Oriente cristiano (Siria, Palestina, el Bósforo, etc.) en un largo período que va del siglo IV al XIV de nuestra era. Hay otros relatos más o menos literarios de personajes que, movidos en este caso no por un sentimiento de santidad, sino de humana perfección, viven también en lugares que ellos mismos se imponen para diferenciarse de la comunidad de sus semejantes, con quienes mantienen, por lo demás, complejas relaciones. Estos personajes guardan algunos curiosos parecidos con los estilitas, algo explicable si buscamos un patrón cultural común, un arquetipo: el modelo ideal al que los distintos relatos acaban amoldándose. En su libro *De los arquetipos y leyendas*[2], Julio Caro Baroja reflexiona acerca del concepto "mitogenia"[3], la

---

1. Sobre el tema es imprescindible el libro de P.H. DELEHAYE, *Les Saints Stylites*, Bruselas 1923 (reed. 1962). Véase también I. PEÑA-R. FERNÁNDEZ, *Les Stylites Syriens*, Milán 1975.

2. Caro Baroja (1989)

3. O, si se quiere, la *mythopoeía* (μυθοποιία).

capacidad humana de crear relatos: "una actividad", dice, "que domina al hombre desde su infancia y que, por lo tanto, lo mismo puede pesar sobre la religión, que sobre la historia y la literatura"[4]. Pero, sobre todo, el ilustre antropólogo nos advierte acerca de una condición, a veces olvidada, que tiene cualquier tipo de relato: (...) "entre el relato histórico, el relato literario y el sencillo relato legendario y aun mítico, puede haber más relaciones de las que a primera vista se aceptan, porque sobre cualquiera de los tres actúa un principio de actividad verbal que va haciendo que el relato en cuestión se aparte de la realidad, la haga engrandecerse o achicarse, deformándose en un sentido u otro, pero siempre con la pretensión de reflejarla tal como es"[5]. Teniendo en cuenta estos supuestos vamos a tratar, pues, de los estilitas, moradores ascéticos de las alturas, hombres extraordinarios que, movidos por su afán de santidad o perfección, llevan a cabo una vida autárquica, independiente y libre en su libre espacio restringido, tanto en la historia, como también en el lenguaje cinematográfico y en la ficción literaria, buscando lo que en ellos haya de arquetípico y de diferente.

2.- El fenómeno de los estilitas empieza con San Simeón, llamado el Antiguo, cuya vida nos ha llegado a través de fuentes de gran veracidad. La principal se debe al obispo e historiador Teodoreto de Ciro, que trató en su obra *Philótheos Historía* acerca de los ascetas sirios de su época y que escuchó de boca del propio Simeón los hechos de su vida.[6]

---

4. Caro Baroja, o.c. p. 23.

5. Caro Baroja, o.c. p. 22-23.

6. Thdt. H. *Rel. XXVI (en Migne*, PG LXXII, cols. 1464-84). Cf. Lietzmann (1908), 1-18. El final de la vida, sin embargo, parece que no fue escrito por Teodoreto (cf. Delehaye, o.c. pág. II). Hay traducción francesa con

Según Teodoreto, Simeón nació en la raya de Cilicia y Siria, en Sisa[7], a finales del siglo IV. Sus padres eran cristianos y, en su niñez, le enseñaron a guardar rebaños; no debió recibir mayor instrucción. Teodoreto oyó de boca de Simeón que, un día en que una fuerte nevada le obligó a dejar el ganado en el aprisco, acudió a una iglesia donde la lectura evangélica de las Bienaventuranzas le hizo entender que encontraría su felicidad en la vida monástica.[8] Se recogió entonces en un albergue de ascetas (*katagogion*) que se congregaban en la vecindad y vivió con ellos dos años; allí se inició en prácticas ascéticas.[9] Más tarde marchó al monasterio de Teleda[10], en donde vivió diez años[11] entre grandes mortificaciones (no sólo ayunos, sino

notas de Festugière (1959), 388-401. Otras biografías importantes son las de la *Vita syriaca*, un encomio compuesto poco después de la muerte de S. Simeón con material de la tradición oficial del monasterio de Telánissos (trad. Alemana de H. Hilgenfeld en : Lietzmann, o.c. 80-180) y la *Vita graeca* , escrita por Antonio, discípulo de S. Simeón, que se sirve de Teodoreto, pero no de la *Vita syriaca* (trad. francesa de Festugière, o.c. 493-506). Sobre estos y otros documentos, cf. Delehaye, o.c. pp. I-XXIV; Peeters (1943). Sobre traducción al castellano, cf. Palmer Simón (2014).

7. Topónimo no identificado; en la *Vita syriaca*, 2, se le denomina Sis y se precisa que pertenece a la región de Nicópolis (hoy Islâhiyé, ciudad del Sur de Turquía junto a la frontera de Siria); cf. Festugière, o.c. p. 388, n. 3.

8. Thdt. H. Rel. 2.

9. Thdt. H. Rel. 4.

10. Se trata de un monasterio filial del fundado por Eusebonas y Abibion, discípulos de Eusebio, y regentado por Heliodoro. Hoy se encuentran sus ruinas en Borj Seba, a 1,5 km. Al NO. de Teleda, ciudad siria al norte de Alepo.

11. Thdt,. H. Rel. 4; nueve, según la *Vita syriaca*, 116.

otras severas penitencias)[12], hasta el punto de generar recelo entre sus superiores, que le prohibieron tales extremos por considerarlos extravagantes y un ejemplo molesto para el resto de los monjes, menos resistentes a tales excesos. Expulsado del monasterio, se fue a una montaña vecina donde se recluyó en un aljibe seco para hacer vida de ermitaño. Pasados cinco días, sus compañeros del monasterio, por orden de sus superiores, lo sacaron de allí a duras penas con una cuerda y le permitieron regresar al cenobio, en donde permaneció algún tiempo más. Su siguiente destino fue Telánissos[13]. Allí se instaló en una choza (*oikískos*) en la que quiso ser tapiado para practicar un severo ayuno. El "periodeuta" (visitador de los monjes esparcidos por las aldeas), de nombre Basso (o Blaso), se lo permitió con la condición de que se encerrara con provisiones. Su encierro duró cuarenta días, al cabo de los cuales yacía sin haber tomado alimento y sin poder emitir un sonido ni moverse. Este ayuno lo repitió durante 28 cuaresmas. Después comenzó otro tipo de ascesis: los primeros días se sostenía de pie y cantaba himnos; después, como no podía sostenerse en pie a causa del ayuno, se sentaba; los últimos días, en fin, acababa tumbado. Cuando hubieron pasado tres años, marchó a ocupar un picacho cercano y, después de haber hecho construir una pared de vallado de forma circular (*thrinkíon*), ató su pie derecho a una cadena de hierro de veinte codos (unos once metros y medio); en el otro cabo había una piedra muy gruesa, de manera que no podía salir de los límites que él mismo se

---

12. Thdt. H. Rel. 5, dice haber oído del abad Heliodoro que usaba una especie de cilicio que le producía heridas sangrantes.

13. Telássinos o Telnesim se encuentra al NO de Siria, cerca de la frontera con Turquía.

había trazado aunque quisiera; allí pasaba el tiempo contemplando continuamente el cielo, obligándose a contemplar las sublimidades celestes, pues "la cadena de hierro no impedía el vuelo de su pensamiento"[14]. Entonces Melecio, que era a la sazón obispo de toda la región de Antioquía, le hizo ver que las cadenas eran superfluas, pues la voluntad -dijo- era suficiente para imponer al cuerpo lazos espirituales. Simón aceptó docilmente su consejo y dio orden de que viniera un herrero al que le mandó que rompiera la cadena.

Su fama se propagó en todas direcciones, y de todos los lugares afluía gente, tanto de la vecindad como de los que estaban a muchos días de camino, para verle y para obtener de él curaciones y otras peticiones. Quiso entonces sustraerse a las manos de las multitudes que querían arrancar trozos de su hábito de cuero. Por ello -dice Teodoreto- se subió a una columna inaugurando así su vida de estilita.[15]. Después de cinco años, tiempo que pasó sobre la primera columna, Basso construyó una mandra (un recinto con vestíbulo rodeado por un doble muro de piedras)[16] junto a la columna con el fin de protegerla. Pasó después sucesivamente a otras columnas cada vez más altas; en la última de estas, de entre dieciseis y dieciocho metros, vivió no menos de treinta años.[17] Simeón

---

14. Thdt. H. Rel., 10.

15. Cf. Thdt. H. Rel. 11-12; esta primera columna tenía seis codos de alzada (=1, 76 m).

16. Sobre la *mandra*, véase Delehaye, o.c. , pp. CLXIV-CLXVI.

17. Según Teodoreto (H. Rel. 11-12), la segunda columna tenía 12 codos, la tercera, 22, y la última 36. Según la *Vita syriaca* (c. 50), la primera medía 2 codos y en ella pasó 5 años. De esta pasó a otras que medían 11, 17 y 22; en ellas permaneció un total de 7 años. En la última, que era de 40 codos, pasó 31 años (cf. Vita syr. c. 116). Las famosas columnas de Marco Aurelio y Trajano, en Roma, miden unos 30 metros. Sobre

se hallaba sobre la columna a la intemperie, puesto en pie, sin abrigo (sólo una capucha cubría su cabeza). Oraba con los brazos alzados y cantaba himnos. Dos veces al día predicaba al pueblo (obreros, mendigos, campesinos) a quienes daba consejos piadosos y prácticos; también dirimía litigios y predicaba contra herejes. Se decía además que sanaba a los enfermos, liberaba a los posesos y concedía la fertilidad a los esposos sin hijos. La gente que acudía a verlo de todos los pueblos del orbe eran riadas: bizantinos, árabes, persas, armenios; y también de occidente: hispanos, bretones, galos, etc. Es posible que escribiera (mejor dicho, hiciera escribir, ya que seguramente era analfabeto) cartas, una de ellas al emperador Teodosio II (408-450) en la que se manifestaba en contra de la restitución de la sinagoga a los hebreos[18], pero, por falta de una cultura religiosa, no podía participar de las discusiones teológicas de su tiempo. El emperador, a su vez, le pedía en sus misivas sus oraciones por el éxito del concilio de Éfeso. Se cuenta asímismo que el sucesor de Teodosio II, Marciano (450-457), casado con Pulqueria, la poderosa hermana de Teodosio, iba de incógnito a visitarlo.[19] Parece que murió en el 459[20]. El emperador León I (457-474) quiso llevarse su cuerpo, pero la ciudad de Antioquía se lo impidió. En torno a su columna se construyó una basílica de forma octogonal, la Qal'at Sim'am ("El castillo de Simeón",

---

el número de columnas en las que vivió y la altura de estas, las fuentes muestran discordancias. Sobre esta cuestión, véase Delehaye, o.c., pp. CLII-CLX.

18. Según la *Vita syriaca* (c. 130-131), hacia el 425.

19. Según Teodoreto Lector, cf. Migne, PG LXXXVI, col. 205B.

20. Sobre la cronología de la vida y muerte de San Simeón, véase Delehaye, o.c. pp. X-XV.

en árabe), cuyas majestuosas ruinas se conservan aún hoy junto con la base de la columna[21].

3.- Discípulo de San Simeón fue Daniel, cuya vida, a pesar de su gran historicidad[22], contiene elementos legendarios de tradición hagiográfica[23]. Daniel nació en 490 en un pequeño pueblo llamado Mérata de Comágena, en la margen izquierda del alto Eúfrates, en la región siria de Samosata, la patria del filósofo de tendencia cínica Luciano. A los doce años ingresó en un cenobio cercano. Era deseo suyo, ya en su juventud, viajar a los Santos Lugares y también visitar a Simeón sobre su columna. En cierta ocasión, marchó a Antioquía acompañando al higúmeno de su comunidad a una reunión de archimandritas de oriente. A la vuelta se detuvieron en Telássinos, donde visitó por primera vez a Simeón el Estilita. El santo ordenó que colocaran una escalera a fin de que sus visitantes subieran a la columna. Sólo Daniel subió y, en la cima, tuvo su primer encuentro con San Simeón. Más tarde Daniel fue nombrado higúmeno a la edad de 37

---

21. Véase bibliografía sobre los restos arqueológicos e iconografía en: Stierton (1982).

22. Sobre la tradición textual de sus fuentes, que parten de una *Vita*, obra de un contemporáneo, véase Delehaye, o.c. pp. XXXV-XLV; para otros testimonios, pp. XLV-XLVI. Hay traducción al francés de Festugière (1961), 89-176.

23. Así lo dice expresamente Delehaye, o.c. p. LV. En efecto, su nacimiento tiene lugar después de una prolongada esterilidad de su madre, de nombre Marta, y después de un sueño que, como un signo especial, anuncia su venida (cf. cap. II). Otros elementos legendarios pueden ser sus acciones milagrosas y el conocimiento que de antemano tiene de su muerte (cf. cap. XLV). Sobre relatos semejantes, en distintas culturas, que conforman la tradición de las leyendas de los santos, es un clásico otro libro de H. Delehaye (1961).

años, circunstancia que aprovechó para, una vez delegado su poder, emprender un viaje a los Santos Lugares (un camino peligroso por las incursiones de samaritanos)[24], a los que iba con la intención de venerar la Santa Anástasis de Jerusalén y después sumergirse en el desierto interior de la ascesis. Tuvo entonces lugar su segundo encuentro con el santo. Éste se le apareció en una visión diurna con figura de anciano y le dijo que marchara a Bizancio, la ciudad de Constantino, una segunda Jerusalén. Cruzó la Capadocia y, al llegar al Bósforo, en un lugar al norte llamado Anaplus[25], se recluyó en un templo pagano donde vivió nueve años, al cabo de los cuales tuvo otra visión en la que San Simeón le invitaba a imitarle en su vida de estilita. Subió entonces, a la edad de 43 años, a una columna situada en la propiedad de Gelanio, un alto dignatario de la corte; era el año 460. Esta columna tenía sólo el tamaño de dos hombres. Más tarde Gelanio, que en un principio se había opuesto a la instalación de Daniel en sus tierras, al atribuir a éste un milagro (una tormenta que sobrevino súbitamente en un día radiante cuando le estaba haciendo descender) fue quien hizo que le construyeran una columna más alta que la primera; en torno a su base empezaron a reunirse algunos discípulos. Por fin, subió a una tercera, esta vez obsequio del emperador León I en agradecimiento por el nacimiento de su hijo, hecho que atribuía a las oraciones del asceta. Además, exigió al patriarca Genadio que le ordenara sacerdote En sus columnas Daniel llevó una vida austera que imitaba a la de San Simeón. Se cuenta que

---

24. Judíos heterodoxos enemigos de los cristianos; cf. Janin en Festugière, *Les moines...* , p. 167.

25. Sobre la localización de este lugar, véae nota de Janin en Festugière, *Les moines...* pp. 167-168.

en una ocasión, tras una fuerte nevada, lo encontraron casi muerto, por lo que el emperador hizo que le construyeran en lo alto de la columna una protección de hierro. En su columna recibió también la visita de altos dignatarios y la de la emperatriz Eudoxia II, la mujer ateniense de Teodosio II que reinó entre 431 y 441. Murió en 493, en el reinado de Anastasio (491-518), a los 84 años de edad[26], de los que permaneció 33 sobre las columnas. Otros estilitas posteriores de los que se han conservado distintas *Vitae* fueron San Simeón, llamado el Joven, cuya vida transcurre en el siglo VI en la región de Antioquía; San Lucas, estilita de Calcedonia, del siglo IX; San Lázaro, que vivió en el monte Gelasio, en Éfeso; San Alipio, etc[27].

4.- J. Toutain[28] buscó una explicación del fenómeno de los estilitas en la tradición pagana. Parte para ello de un texto de Luciano, de su obra *Sobre la diosa siria*, en la que el autor de Samosata habla de la ciudad santa de Hierápolis[29], donde se practicaba un culto consagrado a la diosa siria Atargatis o Derceto, asimilada por los griegos a la diosa Hera (o a Afrodita). En el centro de la ciudad, sobre una colina, se hallaba un santuario construido, según la tradición, por Dioniso[30], rodeado por un doble muro. En el atrio había dos columnas

---

26. Cf. Vita, XLVIII.

27. Sobre sus vidas, véase Delehaye, o.c., pp. LIX-CVI. Sobre los estilitas a través de las edades, pp. CXVII-CXLIII.

28. Toutain, 1912, 171-177.

29. Hierápolis, la "ciudad sagrada", está situada al E. de Antioquía y NO. de Alepo. Su nombre sirio es Mabog.

30. Cf. Luciano, *Syr.* D. 6.

en forma de falo de treinta brazas de alzada[31] consagrados por Dioniso. Dos veces al año subía allí un hombre valiéndose de la misma técnica que utilizan los nativos que suben a las palmeras en Arabia o Egipto. El escalador, "cuando ha llegado al final de su camino, suelta otra cadena que lleva consigo, esta vez larga, y arrastra hacia arriba lo que desea, leños, vestidos y utensilios con los que se construye un alojamiento a la manera de un nido"[32]; allí permanece durante siete días, durante los cuales no duerme nunca. "El motivo de la ascensión se dice que es el siguiente: la mayoría cree que en la altura conversa con los dioses y pide bienes para toda Siria, y ellos [los dioses] oyen desde cerca sus plegarias"[33]. Otros -añade Luciano- piensan que esto se hace como un recuerdo del Diluvio de Deucalión (equivalente griego del bíblico), "cuando los hombres subieron a los montes y a los árboles más altos, aterrorizados por el gran diluvio"[34]. La huella de estos ritos habría empujado a Simeón -según Toutain- a ascender a la columna.

H. Delehaye rebate esta tesis[35]. Parte, principalmente, del hecho de que un estilita es un asceta, motivo por el cual no abandona su columna de por vida, a diferencia de los hombres que realizan el culto dionisiaco, cuyo rito, por lo demás, habría dejado de ejercerse antes del nacimiento de San Simeón. Además, es difícil de entender -asegura- que una

---

31. Serían alrededor de 50 metros. Para algunos autores se trata de una exageración de Luciano.

32. Cf. Luciano, Syr. D. 28-29. Trad. J. Zaragoza, BCG, Madrid 1990.

33. Luciano, Syr. D. 28. Esta idea es común en el imaginario semita.

34. *Ibidem.*

35. Delehaye, o.c. p. CLXXIX-CXCV.

persona poco instruida, como el santo, conociera tales ritos paganos. Por otra parte, la ascesis del estilita se presenta en su época como una gran novedad. Pero, sobre todo, incide en una forma de ascesis, *la stásis*: el medio por el que un penitente se confinaba por su propia voluntad en un espacio restringido, que es anterior al ejercicio del estilita, aunque lo anuncia. En tal sentido, Delehaye recuerda que Simeón ya había delimitado un círculo en el que vivía cuando subió a una montaña en Telánissos y se ató una cadena con una piedra a fin de restringir sus movimientos. En palabras de Delehaye: *"C'est déjà la vie du stylite moins la colonne"*[36]. La motivación última de su ascensión a la columna estaría relacionada, principalmente, con el deseo de Simeón de sustraerse a las muchedumbres que pretendían tocarle y arrancar jirones de su túnica de cuero para guardar una reliquia de él.

5.- Desde otra perspectiva, sin embargo, encontramos un gran parecido entre las acciones del pagano y del estilita: Mircea Elíade ha dejado claro en muchos lugares[37] que, para el hombre religioso, el espacio no es homogéneo[38]. Señala el autor rumano que hay un espacio sagrado y otros amorfos: "Todo espacio sagrado implica una hierofanía, una irrupción de lo sagrado que tiene por efecto destacar un territorio del medio cósmico circundante y el de hacerlo cualitativamente

---

36. Delehaye, o.c. p. CLXXXI.

37. Entre otros, *El mito...* (1951); *Imágenes...* ([1957] 1988)...; *Lo sagrado...* (1957); *Tratado...* (1964).

38. Quizás, de la manera más clara, en el capítulo titulado "El espacio sagrado y la sacralización del mundo", en *Lo sagrado,* pp. 25-61.

diferente"[39]. El espacio sagrado es el espacio real por excelencia[40]. Puede ser un gran santuario, pero también pueden considerarse sagradas las moradas de los eremitas y de los santos[41], no sólo monasterios, sino cualquier tipo de recinto. Sirva de ejemplo el espacio acotado con piedras por Simeón antes de ascender, buscando mayor retiro, a la columna[42]. A veces la elección del lugar sagrado se transfiere a la suerte de un animal. El espacio que elige Daniel para su primera columna, por ejemplo, fue precisamente aquel adonde fue a posarse una paloma[43].

Las manifestaciones de lo sagrado (hierofanías), además de anular la homogeneidad del espacio al destacar lo sagrado, revelan un arquetipo simbólico universal: "El Centro del Mundo"[44], la zona sagrada por excelencia donde se sitúa el

---

39. Elíade, *Lo sagrado...*, p. 29.

40. Elíade, *Imágenes...*, p. 43; *Lo sagrado..*, p. 25.

41. Elíade, *Tratado...*, II, p. 152.

42. "El vallado, el muro o la cerca de piedras se cuentan entre las estructuras arquitectónicas de santuario más antiguas que se conocen (…) El cerco no solo implica y significa la presencia continuada en su interior de una cratofanía o de una hierofanía, sino que tiene por objeto además preservar al profano del peligro al que se expondría penetrando en él por inadvertencia" (Elíade, *Tratado...* II, p. 153); "a su vez, los lugares en que han vivido los santos, en que han orado o han sido enterrados, quedan santificados, y se les separa del espacio profano circundante mediante un vallado o una cerca de piedras amontonadas" (Elíade, *Tratado...*II, p. 152.)

43. Cf. Vida de Daniel, XXIII. En Virgilio (Aen. VI, 190 ss.) unas palomas señalan a Eneas el árbol donde se halla la rama dorada, pasaporte para acceder al Hades. Sobre este tipo de "provocación de lo sagrado" (*evocatio*), véase Elíade, *Tratado...* II, p. 152).

44. Sobre el simbolismo de "El Centro del Mundo", véase Elíade, *El mito...*, pp. 21-26; *Imágenes..*, p. 44; *Lo sagrado..*, pp. 37-42.

hombre religioso. Se trata de un "punto fijo" absoluto; a veces puede ser una montaña lo que represente el "eje cósmico", pero también pueden serlo los llamados "pilares cósmicos": un árbol, un poste o una columna, símbolos que, a la vez que "sostienen el mundo" aseguran su comunicación con el cielo. Estos símbolos, en efecto, actúan como *axis mundi* y gozan de una función trivalente: a la vez que sostienen el Cielo -son los lugares más próximos a él-, lo unen con la Tierra y, además, hunden su base en el mundo de abajo (el llamado "Infierno"), participando así de las tres regiones cósmicas. Mediante sus aberturas posibilitan el tránsito de una región a otra, pues contienen además una "puerta" hacia lo alto que asegura la comunicación con el mundo de los dioses. Mediante esta "puerta", los dioses pueden descender a la Tierra y el hombre subir simbólicamente al Cielo[45]. Desde esta perspectiva entendemos las palabras del relato de Luciano: "en la altura [el hombre que ha subido] conversa con los dioses", y, al mismo tiempo, podemos relacionarlo con la historia de San Simeón, quien, además de buscar un ideal de santidad a través de la ascesis, "aspiraba a volar al cielo y abandonar su estancia aquí abajo"[46]. Su historia es, desde este punto de vista, la búsqueda de la "construcción de un centro sagrado" desde el que ascender al cielo[47].

---

45. Sobre el simbolismo de la ascensión, cf. *Imágenes...* pp. 50-54; *Lo sagrado...* p. 29 ss.

46. Así lo dice explícitamente Teodoreto (12).

47. Cf, Elíade, *Imágenes...*, pp. 54-59. Es interesante señalar, por su carga simbólica, el relato de Teodoreto de una visión que Simeón tuvo en un sueño en su juventud -y que él mismo le contó- que puede expresar su paso del Infierno (no olvidemos que parte de sus penitencias fueron enterrarse en un huerto en el monasterio de Teleda [según *Vita* syr. 14] o en una cisterna seca) al Cielo: "Me parecía -dijo- excavar unos

6.- Hay autores paganos que asocian a los cristianos primitivos con los filósofos cínicos, hecho que puede explicarse por un doble motivo: la falta de definición del cristianismo en los primeros años de su existencia y la difícil incorporación al ámbito cultural grecorromano[48]. Esta dificultad queda mitigada cuando se recurre a una "utilización tipológica" que relaciona ambos grupos[49]. En efecto, algunos aspectos como el despojamiento de las riquezas[50], la selección de auditorio entre las clases bajas y la fuerte atracción que ejercen sobre ellas, su disposición anticonvencional, antijerárquica y antisocial, la *parrhesía* o libertad de palabra e, incluso, el aspecto físico desaliñado, acercan los perfiles de unos y otros. Ya Luciano confunde en el personaje llamado "Peregrino" a un cristiano con un seguidor de Diógenes y Crates[51]. Hay también otro ideal cínico que es aplicable, de manera especial, a los estilitas. Dice W. Nestle con respecto a los cí-

---

cimientos; después oí las palabras de alguien que había allí que me decía que debía profundizar más aún en la fosa. Yo profundicé más, como él había ordenado, y después traté de tomar un poco de resuello. Pero, una vez más, me animó a excavar y no cesar en mi esfuerzo. Después de haberme ordenado por tres o cuatro veces obrar así, finalmente me dijo que la profundidad era suficiente y me ordenó entonces edificar sin descanso, ya que la fatiga había cesado y la edificación se haría entonces sin esfuerzo" (Teodoreto, 3). Sobre sueños de iniciación parecidos, cf. Elíade, *Imágenes*, p. 49.

48. Sobre este tema, véase Gascó (1985), pp. 49-59.

49. Es el caso de Elio Arístides y de Celso; cf. Gascó, art. cit. pp. 50-51.

50. Recordemos que S. Simeón se desprende de su patrimonio antes de entrar en el convento tras dividir la herencia de sus padres con su hermano y dar su parte a los pobres (*Vita syriaca*, 11).

51. También este personaje cínico/cristiano desprecia su fortuna; Cf. *Sobre la muerte de Peregrino* (14-15)

nicos: "La vía de la verdadera excelencia, de la independencia respecto del mundo entero, excelencia e independencia que puede conseguir todo aquél que se lo propone, consiste en no dejarse dominar por nada, por ningún contratiempo, ni por el hambre, la sed, el frío, ni por el dolor físico, la pobreza, la humillación o el destierro, sino ver en todo ello una mera ocasión de probar la propia fuerza moral y la voluntad, ocasión de endurecimiento (*kartereia*), de "ascesis" en sentido corporal y anímico. La libertad de voluntad y acción está dada a todo el mundo"[52]. La ascesis, común a unos y otros, parece ser, pues, una característica común; sin embargo, la de los cínicos y la de los estilitas guarda una diferencia esencial,

> porque conviene precisar -dice Carlos García Gual- que el ascetismo de Diógenes no tiene nada que ver con otros, como el ascetismo de aislamiento y mortificación de algunos primeros cristianos. El cínico no renuncia a los placeres y la vida regalada porque vea en la mortificación un beneficio, o porque se sacrifique en espera de una compensación ulterior, o porque piense que el cuerpo ha de ser castigado. Tan sólo lo hace porque no está dispuesto a vender su independencia y libertad a cambio de unos placeres inciertos o unas vanas e ilusorias promesas de poder. Diógenes es un asceta como Heracles es un atleta, entrenándose para resistir las amenazas y tentaciones contra la libertad, que se obtiene de la vida frugal, sin temores ni ambiciones ni compromisos afectivos, [...] su pobreza espectacular es el precio de la libertad.[53]

---

52. Nestle (1981) 217.

53. García Gual (1987) 63. Sobre la figura mítica de Heracles como modelo cínico, cf. Gil (1980) pp. 47-53.

El punto común entre cínicos y estilitas que parece más próximo, sin embargo, parece ser el ideal helenístico de la *autárkeia*, el desasimiento de los bienes externos al individuo, el considerar un bien solo aquello que pudiera depender del propio sujeto[54], ideal ejercido en unos con sabiduría, en otros como santidad[55]. La independencia, la autosuficiencia, el gobierno de sí mismo como búsqueda de libertad, felicidad y virtud acercan los perfiles de unos y otros, un ideal común que está presente incluso en la dimensión social de ambos, en las relaciones que establecen con sus respectivas comunidades. Recordemos en este sentido las palabras de W. Nestle:

> El cínico se aísla cuando puede, y aunque hace proselitismo por su idea, su escuela es realmente muy laxa y permite las variedades más diversas de tipo básico. El cínico es un "loco por cuenta propia" y su relación con las escuelas filosóficas propiamente dichas es aproximadamente como la del eremita cristiano de los primeros tiempos respecto de las órdenes monásticas y sus monasterios. El cínico influye por su personalidad llena de carácter, que no retrocede ni ante los excesos escandalosos; su fuerza de atracción consiste precisamente en ser diverso de los demás."[56]

---

54. "Claramente se presenta Antístenes como precursor de cínicos y estoicos en la proclama repetida de la autosuficiencia del sabio para la felicidad, que sólo depende de su propio saber y virtud. Esa insistencia de la *autárkeia* del individuo, frente a la fortuna inconstante y la colectividad inconsciente, caracteriza la prédica filosófica de este socrático que vio en Heracles el ejemplo heroico del valos moral y en Sócrates el mejor maestro de virtud!" García Gual, o.c., pp. 33-34.

55. Sobre la diferencia entre el sabio y el santo, véase Lasso de la Vega (1966) 181.272, esp. 256-262.

56. Nestle (1981) 218.

Hay que tener presente que la inquietud y el cansancio que dominaban en los primeros siglos de nuestra era propiciaban un deseo de "huída del mundo"[57], y que es en la Siria declinante del mundo pagano, "cuando la rosa del cristianismo abría sus pétalos en los calores de Oriente y perfumábase el aire con olor de santidad de tantos cenobitas y anacoretas del desierto"[58], cuando vive San Simeón; una época y un lugar fértiles para las recreaciones literarias de ambos mundos.

7.- En el poema titulado Simeón, de C. P. Cavafis[59], el narrador poético, después de dar cuenta de su admiración por algunos autores de la literatura siria pagana, habla de una visita que realiza a la columna del santo:

Me vi mezclado con los cristianos
que rezaban en silencio a la vez que lo adoraban
de rodillas; pero, al no ser yo cristiano,
no tenía yo la paz de sus almas.

También Joan Perucho habla de las circunstancias de la vida y la muerte de San Simeón en un breve relato[60], valiéndose de la figura imaginaria de Kosmas, caballero bizantino natural de Antioquía, hombre instruído y de ca-

---

57. Sobre esta época, donde cuajaban máximas como *a turba te separa; fuge multitudinem; in te sedece*, véase Luciano, Obras, vol I., esp. pp. XXI ss.

58. Perucho (1995) 20-26.

59. El poema es de Julio de 1917; la traducción es de P. Bádenas (1989, pp. 249-250 y nota).

60. Perucho (1995), 20-26; véase también de este autor la semblanza de "Sant Simeó al desert" en su libro *Els laberints...*1984, 195-199.

rácter aventurero, Recaudador General de Contribuciones en Constantinopla, que, de vuelta en su patria, oyó hablar de Simeón, el "hombre que hablaba con Dios". Una noche, cuando la muchedumbre se fue del pie de la columna, subió junto a él y vio su faz "estremecedora, inmóvil" que "le habló toda la noche". Días después murió el santo y hubo una gran conmoción: "Sus discípulos, los estilitas Antonio y Daniel, que a diferencia del maestro protegían sus columnas con toldos y barandillas, estaban consternados y, por primera vez, lloraban públicamente". La multitud quería llevarse el cuerpo, pero Kosmas, con seiscientos soldados de Antioquía, lo protegió. El encuentro con el santo cambió su vida: renunció a su cargo y se dedicó en adelante a la meditación.

8.- Luis Buñuel dedicó al tema de los estilitas un mediometraje titulado Simón del Desierto[61] en el año 1965. La atracción que siente Buñuel por la figura del estilita deriva, según confesión propia, de su interés por personajes solitarios que, por una idea fija, se sitúan al margen de la Historia y de la vida cotidiana[62]. Buñuel admira de Simón (que no es exactamente San Simeón, sino una combinación de elementos tomados de diferentes estilitas, y en este sentido un personaje imaginario) su sinceridad, desinterés e inocencia; es libre -dice-

---

61. Es un mediometraje (por razones económicas ajenas a su voluntad) de 42 minutos. El guión es de Luis Buñuel y Julio Alejandro; el productor, Gustavo Alatriste. La película recibió cinco premios en el festival de Venecia. El guión está publicado en francés, en L'avant Scène du Cinema (núms. 94-95, París, julio-septiembre de 1969).

62. Cf. Buñuel por Buñuel... en T. Pérez Turrent..., p. 37. En este sentido, recordemos a otros personajes de películas suyas como el protagonista de Él (1952) o Nazarín (1958).

y lo sería hasta en un calabozo, a diferencia de Robinson[63], que no es libre porque desea compañía. Su falta de sentido de la propiedad le acerca a la pureza de los cínicos: "Los hippies -dice- podrían haberlo nombrado su Santo Patrón"[64]. Constata además en este personaje -por contraste- la pérdida del sentido de lo sagrado de nuestra época[65]. Para su realización, que tiene forma de reportaje, se documentó a fondo: extrajo información de la vida de San Daniel el estilita, principalmente, y utilizó los textos de Delehaye y las traducciones de A-J. Festugière. Pero al mismo tiempo, su personalidad le lleva a introducir en la película un mundo de inquietudes particulares y un humor socarrón[66].

Al comienzo de la película, una multitud acude al pie de la columna en la que Simón ha permanecido "edificando con su ascesis" seis años, seis semanas y seis días, para asistir a su traslado a una columna nueva que le ofrece la munificencia del rico Práxedes. La multitud quiere tocarle y algunos arrancan trozos de su túnica. Antes de ascender a la nueva columna, el obispo quiere ordenar sacerdote a Simón, a lo que este se niega con tanta vehemencia que llega a enarbolar

---

63. Personaje que también fue llevado por él al cine en 1952.

64. Cf. *Buñuel por Buñuel*, pp. 138-139.

65. *Ibidem*.

66. Sirva como ejemplo una escena: a petición de la multitud Simón obra un milagro: hace que le sean devueltas las manos a un hombre a quien le habían sido mutiladas en castigo por haber robado. Nadie parece sorprenderse. Una de las hijas del hombre que, junto a su mujer, le acompañan, le pregunta si son iguales que las de antes; entonces éste hace el primer uso de ellas: da un pescozón a la niña. Este episodio refleja, por lo demás, su obsesión por el milagro de su pueblo natal, Calanda: la "resurección" de una pierna de su paisano Miguel Pellicer.

una estaca con tono amenazante[67]. Durante este breve traslado por tierra tiene lugar un breve encuentro con su madre, que le pide vivir cerca de su columna. Simón accede, pero le advierte: "El amor que te tengo no podrá interponerse entre Dios y su siervo", y se despide: "en su presencia volveremos a encontrarnos"[68]. La presencia de la madre es una constante a lo largo de toda la película y un tema central, ya sea la madre real al pie de la columna, ya sea la presencia de la Madre Tierra (en palabras del propio Simón), o el simbolismo de la cuerda que, como un cordón umbilical, utilizan los monjes de la mandra para hacerle llegar desde tierra los frugales alimentos[69]. Sobre su columna Simón reza y siente felicidad,

---

67. El obispo desiste y le dice: "Sube a tu calvario y queda en paz...por ahora". Compárese con este texto citado por H. Delehaye, o.c. p. LVI: "Teodoreto cuenta, sin pestañear, cómo Flaviano, obispo de Antioquía, ordenó sacerdote al eremita Macedonio con la ignorancia de éste, quien, a punto de trocar su indignación por hechos, amenazó al obispo con su bastón".

68. La madre de San Simeón -cuenta la *Vita graeca*, 14-, tras haber perdido el rastro de su hijo durante 20 (o 27) años, encuentra su lugar de retiro. Pero su hijo no la recibe y le dice: "Perdóname, madre, en este momento; si somos dignos de ello, nos veremos en el otro mundo". Su madre, al escucharlo, se puso junto a la puerta de la mandra y allí murió; Simeón hizo que la enterraran delante de la columna; cf. Delehaye, o.c. pp. III-IV.

69. J. Baena, en su artículo titulado "Vivan las cadenas…, pp. 237-248, ha explorado la relación entre "libertad" y "cadena" a propósito de la frase "¡Vivan las cadenas! pertenecientes a la película de Buñuel *El fantasma de la libertad* (1974), frase que dicen los españoles que van a ser fusilados el 3 de Mayo por las tropas napoleónicas. Señala el autor que la cadena es un símbolo complejo en el lenguaje de los místicos: "para los místicos, Eros y su concomitante cadena son ambivalentes. Se debe romper toda atadura, y simultáneamente se debe atar uno lo más fuertemente posible. Las cadenas acompañan necesariamente a Eros; un Eros carente de cadenas no es libertad. Eros es Ágape encadenada y Ágape es Eros sin cadenas". El autor hace una comparación con la película de P. Almodóvar *¡Átame!*.

pero también hambre, soledad y frío; en los momentos de crisis -subrayados por los tambores de Calanda- desea bajar a la tierra, sentirla bajo sus plantas y correr. En sus sueños la tierra representa para él una fuente de energía, como para el mítico Anteo, el gigante hijo de Posidón y la Tierra que habitaba en el desierto de Libia, invulnerable cuando estaba en contacto con su madre. Al final de sus sueños (o delirios), la madre le abraza y compone una imagen de la Piedad (mientras, al fondo, Simón sigue en su columna en el mismo plano). La madre entonces le pregunta por qué es tan orgulloso. Simón responde: "¿Orgulloso de mi libertad o de mi esclavitud, madre?".

Un tema recurrente a lo largo de la película son las tentaciones del demonio. Su primera aparición es en forma de mujer con un cántaro; ante su indiferencia, la mujer-demonio pasa de largo. La segunda es el demonio vestido de colegiala a la moda de principio de siglo quien, con sus encantos, intenta en vano seducir a Simón, pues este le rechaza con sus imprecaciones[70]. En otra ocasión, toma la figura del Buen Pastor y con sus palabras intenta inútilmente que baje de su columna: "es necesario estar ahíto de placeres

---

70. En el capítulo XXII de la *Vida de Daniel* se cuenta la historia de una celada que quisieron tenderle al santo sus enemigos. Ofrecieron a una cortesana de nombre Basiané, "famosa seductora de los halcones de mujeres", cien piezas de oro si conseguía un escándalo que involucrase a Daniel. Se instaló entonces durante largo tiempo en la mandra del santo, pero como este no cedió a la tentación, se inventó una historia: que había seducido al hombre con su belleza y que este mandó a sus monjes que la subieran por la escalera, pero que ella rehusó y estuvo a punto de morir por obra de los discípulos que le tendieron una trampa. Después de alcanzado el escándalo, "atormentada por un cruel demonio" confesó la verdad. Llevada al pie de la columna, el santo la sanó de su posesión por medio de sus oraciones.

para aborrecer así los bienes de la tierra y gozar de Dios", le dice el demonio. Desde su columna, Simón, que mantiene contacto con los monjes, les aconseja severamente sobre su ascesis, pero sufre de uno de ellos, llamado Trifón, un intento de calumnia: este, poseído por el demonio, mete en su cesto de provisiones pan, vino y queso samaritano para desprestigiarlo a los ojos de los demás, quienes ante estos hechos dudan de su maestro. Después, entre convulsiones, Trifón acaba confesando su acción y es sanado por Simón[71] que, entretanto, ha aceptado gustoso las calumnias[72]. En el abrupto final de la película Simón es trasladado por el demonio a Nueva York, a un antro musical donde sigue añorando su columna.

9.- El interés por la sorprendente figura de San Simeón el Estilita remonta a su época de la Residencia de Estudiantes cuando, según nos cuenta el creador aragonés, Federico

---

71. Compárese con el episodio de la *Vida de Daniel* (XXXII) en el que se cuenta que unos "heréticos infieles" van a visitar al santo con su familia. Uno de ellos lo calumnia al decir, cuando se acerca a la columna, que ha encontrado un pescado sobre la base (al decirlo saca un pescado frito de debajo de su manto); al formarse escándalo entre los seguidores de Daniel, el infiel es poseído por el demonio. Sus compañeros entonces confiesan y él es liberado de la posesión por el santo.

72. Las palabras de Simón "Más gratas son las calumnias al alma del devoto que las odiosas alabanzas, ya que estas inflaman el orgullo" son muy parecidas a las pronunciadas por Daniel ente la mujer calumniadora (cf. *supra*, n. 67): "Las calumnias han sido para mi hoy lo mismo que alabanzas, pues ni se saca provecho de ser alabado en vano ni se soporta un perjuicio por ser injustamente calumniado. De hecho, el que ha ofrecido su alma a Dios se alegra más de las calumnias mentirosas -pues le procuran una recompensa- que las alabanzas verdaderas que envanecen y llevan a la exaltación" (*Vida de Daniel*, XXXII).

García Lorca le hizo leer la *Leyenda áurea*[73]. Una estampa imaginada del estilita San Simeón en su columna causaba mucha hilaridad a ambos: las deyecciones del anacoreta a lo largo de la columna semejarían la cera chorreante de una vela[74]. Esta estampa, grabada en su memoria "es una imagen tentadora" para Buñuel porque ofrece a la vez "el máximo de espiritualismo junto al máximo de realismo"[75]. Pero, por otros testimonios y, sobre todo, por comparación con otras películas, sabemos que a D. Luis le interesaban otros aspectos de la vida del estilita; por ejemplo, su dimensión espacial. Recordemos a este respecto un juego de moda entre los jóvenes de la Residencia que no podía serle extraño. Se trata de "la Cabaña en el desierto":

Un día nos quedamos sin dinero Dalí y yo. Un día como tantos otros. Hicimos en nuestro cuarto de la

---

73. Cf. Buñuel (1982) 233.

74. Esta imagen queda diluida pudorosamente en la película. En un momento, el Diablo disfrazado de Buen Pastor le dice a Simón: "Ocho años, ocho meses y ocho días hace que arde tu espíritu en lo alto de esa columna como arde la llama sobre el cirio". En una conversación con un cabrero enano, dice Simón: "Yo como y bebo lo suficiente a mis necesidades. No soy espíritu puro ni desencarnado, sino un hombre que carga dolorosamente su envoltura carnal. En cuanto a la otra necesidad, la de evacuar, mis excrementos son como los de tus cabras debido a mi extrema sequedad".

75. Cf. *Buñuel por Buñuel...*, p. 137. En tiemppo de Simeón, la conducta de este hacía dudar de su condición humana. En Teodoreto (21) leemos que un hombre pregunta al santo si es humano o un ser inmaterial (*asómatos physis; phántasma* en Antonio, 7), pues -dice- "he oído que no comes ni duermes y esto no es propio de hombres". Simeón dijo que le acercaran una escalera y subiera para que viera sus manos y lo tocara. Comprobó que tenía una úlcera.

Residencia un desierto. Como una cabaña y un ángel maravilloso (trípode fotográfico, cabeza angélica y alas de cuello almidonados). Abrimos la ventana y pedimos socorro a las gentes, ¡perdidos como estábamos en el desierto! Dos días sin afeitarnos, sin salir de la habitación. Medio Madrid desfiló por nuestra cabaña[76].

Este juego tuvo que ver, sin duda, en la génesis de la película *El ángel exterminador*, en la que unos personajes no pueden, misteriosamente, salir de una casa. La concepción espacial de ésta es justamente la contraria de la de Simón del Desierto: si el estilita restringe su espacio para encontrar su libertad a voluntad y en contra de las normas, el espacio de la casa en que se desarrolla la trama de El ángel exterminador es restringido contra la voluntad de unos personajes amantes de las normas, con lo que su libertad queda misteriosamente abolida.

10.- La Tierra, como hemos dicho, está presente como contrapunto a la sublimidad del cielo a lo largo de la película; hay un continuo juego de picados y contrapicados que subrayan este contraste: el estilita rezando salmos y, abajo, su madre hilando en una rueca; el enano que parece arrastrarse al andar por tierra y el santo sosteniéndose en lo alto de una columna sobre una sola pierna; el conejo -animal eminentemente terrestre- y Simón arrojándole desde lo alto un trozo de lechuga, etc. En estos polos Cielo/Tierra, Espíritu/Carne advierte Buñuel lo profundamente antihu-

---

76. Recuerdos de Federico García Lorca contados a E. Giménez Caballero en *La Gaceta Literaria*, núm. 48, 15 de Diciembre de 1928 (citado por Sánchez Vidal, p. 333).

mano (recordemos que esta palabra está emparentada con *humus*, tierra) que conlleva a veces la iniciación en el espíritu. En efecto, a lo largo de algunos diálogos e imágenes de la película se vislumbra la postura moral de Buñuel ante el estilita: cuando un monje, Matías, le lleva alimentos (agua y lechuga) Simón le dice: "vete en paz y déjame en mi guerra" y reflexiona para sí: "la sola presencia del hombre me aleja de ti [Dios]". Otro monje que sube junto a Simón le dice: "Tu desinterés es admirable y muy eficaz para tu alma, pero temo que, como tu penitencia, de poco sirva al hombre". Aun sintiendo admiración por el santo, Buñuel ve en él un aspecto estéril. También otros personajes buñuelescos, como Viridiana o Nazarín, tras una vida en busca de la perfección y el acercamiento a Dios acaban dudando y, después, sumergiéndose en la condición humana; no podemos saber, sin embargo, el final de Simón, toda vez que la película está inacabada. Lo que sí parece seguro es que un ideal de perfección "inhumana" es puesto en cuestión por Buñuel. En este sentido, ninguna imagen tiene mayor fuerza que la de la madre cuando tapa con arena un hormiguero mientras los monjes discuten al pie de la columna teologías bizantinas. Las hormigas corren entonces enloquecidas y sin rumbo al perder su centro. Nunca el tópico de que una imagen vale más que mil palabras parece más evidente.

11.- El hombre religioso quiere moverse, pues, en un espacio santificado, sagrado, y por ello se esfuerza en establecerse en el "Centro". A este anhelo Elíade lo llama "nostalgia del paraíso": "el deseo de hallarse siempre y sin esfuerzo en el Centro del Mundo, en el corazón de la realidad, y, en resumen, el deseo de superar de un modo natural la condición humana y de recobrar la condición divina"[77]. El estilita, que es un santo, busca, como hombre religioso, su espacio sagrado. Pero, antes de pasar a otros estilitas -llamémosles profanos-, volvamos a las palabras de Mircea Elíade: "incluso la existencia más desacralizada sigue conservando vestigios de una valoración religiosa del mundo"[78], pues incluso para el hombre no religioso subsisten espacios privilegiados: "son los "lugares santos" de su Universo privado, tal como si este ser no-religioso hubiera tenido la revelación de otra realidad distinta de la que participa en su existencia cotidiana"[79]. Instalarse en un territorio viene a ser, en última instancia, el consagrarlo, y en el mundo de lo profano no deja de manifestarse nunca la "nostalgia de lo sagrado". Veámoslo en los personaje de dos obras literarias.

12.-Pasamos ahora de la época de convulsiones del mundo antiguo al Siglo de las Luces, y del sol deslumbrante del desierto de Siria a la sombra del llamado Golfo de Ombrosa, una región imaginaria de Italia, lugar donde Italo Calvino situa su novela *El barón rampante*[80]. Su protagonista es un noble llamado Cósimo Piovasco de Rondò, un niño obstinado y de gran fuerza de voluntad que, a causa de un acto de rebeldía ante las normas sociales (se negaba a comer un plato de caracoles), se sube a un roble cuando tenía doce años (era el 15 de Junio de 1767), y este acto lo llevará hasta sus últimas consecuencias: no volverá a tocar

---

77. Elíade, *Imágenes...*, p. 58.

78. Elíade, *Lo sagrado...*, p. 27

79. Elíade, *Lo sagrado...*, p. 28.

80. Calvino (1977) Esta obra es parte de una trilogía titulada Nuestros antepasados, junto con *El vizconde demediado* y *El caballero inexistente*.

tierra hasta su muerte. Al principio, como está atestiguado en algunos dendritas, se ata a las ramas y al tronco mientras duerme para no caer del árbol. Pero, poco a poco, adquiere mayor soltura y va ganando confianza: pasa de un árbol a otro, de una encina a un olmo, de un pino a un algarrobo y de este a un magnolio (era un tiempo de una vegetación frondosísima). Al poco tiempo de subir a los árboles traba conocimiento en el jardín vecino con una niña de diez años a quien le dice que los árboles son su reino. Viola -que así se llama la niña- le propone un pacto:

-Digo: yo puedo subir a tu territorio y soy un huésped sagrado, ¿está bien? Entro y salgo cuando quiero. Tú, en cambio, eres sagrado e inviolable mientras estés en los árboles, en tu territorio, pero apenas toques el suelo de mi jardín te conviertes en mi esclavo y eres encadenado[81]

"Yo no bajo al suelo porque no quiero"[82], dice Cósimo, pero su hermano, que es el narrador de la novela añade: "no sé por qué, [yo] ligaba con ella [Viola], o también a ella, la

---

81. Calvino, *o.c.* p. 99.

82. *Ibidem.* La misma idea se desprende de un diálogo que entabla con unos españoles exiliados por Carlos III que tienen que vivir en los árboles, sin tocar tierra, pues así se justifica que no estén acogidos en este territorio. A la pregunta de estos sobre si él también está exiliado, Cósimo responde: "No señor. O, al menos no exiliado por decreto de nadie [sino] porque pienso que me conviene, aunque nadie me lo imponga", a lo que el conde responde: "Vuestra señoría puede considerarse afortunado de esta libertad, la cual no podemos dejar de comparar con nuestro constreñimiento, que empero soportamos resignados a la voluntad de Dios" (p. 203)

decisión de mi hermano de quedarse sobre los árboles"[83]. Este juego que le condena a la libertad de los árboles acaba por tomárselo Cósimo muy en serio. En un principio se trata de una diversión, pero, poco a poco, va descubriendo el valor, sentido y alcance de su acción. Desde su nuevo espacio de libertad todo es distinto. Su hábitat es ahora como una réplica del *Yggdrasil*, el gran árbol cósmico de la mitología germánica, un centro del mundo y de la vida que todo lo abarca: se eleva hasta el Cielo, pero hunde sus raíces en la Tierra[84]. Cósimo, en su nueva morada, acepta ayuda de su hermano, que desde tierra le proporciona cuerdas, poleas, ganchos, clavos e incluso una manta. Desde un principio su madre, si bien no llega a entender a su hijo, acepta la situación y establece enseguida un código para comunicarse con él. Desde allí caza con un gorro hecho con la piel de un gato que ha cazado mientras un perro le acompaña a ras de tierra; ayuda a los campesinos con sus advertencias y consejos y proyecta obras hidráulicas; se hace amigo de un bandido; aprende latín y griego de un *abbé*; lee a Tácito, Ovidio y Rousseau; traba contacto con los mayores científicos y filósofos de Europa y lee la Enciclopedia de Diderot, con quien se cartea; lucha contra unos piratas berberiscos; escribe tratados; se enamora y tiene amantes; lega su título y sus riquezas a su hermano; acompaña a su madre en la hora de su muerte. Pero también siente soledad y celos. En definitiva, Cósimo "era un solitario que no huía de la gente. Más aún, se diría que solo la gente le importaba"[85]. Aprendió esto:

---

83. Calvino, *o.c.*, p. 131.

84. Elíade, *Tratado...*, vol. II, pp. 51-53.

85. Calvino, *o.c.* p. 141.

"que las asociaciones hacen al hombre más fuerte y ponen de relieve las mejores dotes de las personas aisladas, y dan una alegría que raramente se alcanza actuando por cuenta propia"[86]. A pesar de vivir en los árboles, su vida es terrena. Su estancia en los árboles no le priva de un contacto con las personas más humildes ni con las mentes más iluminadas de su época. Su fama acaba extendiéndose por el mundo: su hermano, de viaje en París, cuenta un encuentro suyo con Voltaire:

> Cuando supo que yo venía de Ombrosa, me apostrofó:
> -*C'est chez vous, mon cher Chevalier, qu'il y a ce fameux philosophe qui vit sur les arbres comme un singe?*
> Y yo, halagado, no puede contenerme de contestarle:
> -*C'est mon frère, Monsier, le baron de Rondeau.*
> Voltaire quedó muy sorprendido, quizá también porque el hermano de aquel fenómeno paracía una persona muy normal, y se puso a hacerme preguntas, como:
> -*Mais c'est pour approcher du ciel, que votre frère reste là-haut?*
> -Mi hermano sostiene -respondí- que quien quiere mirar bien la tierra debe mantenerse a la distancia necesaria -y Voltaire apreció mucho la respuesta.

Sube, pues, al cielo para estar más cerca de los hombres. La actitud de Cósimo es la del propio Calvino. De este modo explica la motivación última de su personaje: "[...] el único camino para estar con los otros de verdad esa estar separado de los otros, imponer tercamente a sí y a los otros esa incómoda singularidad y soledad en todas las horas y

---

86. *Ibídem.* p. 183.

en todos los momentos de su vida, como es la vocación del poeta, del explorador, del revolucionario[87]. La figura de este estilita, por lo demás, se encuentra más cerca de la del cínico que de la del santo: "Cósimo, amante insaciable, era un estoico, un asceta, un puritano"[88], pero "a decir verdad, él nunca rechazaba el bienestar; aunque estuviese en los árboles, siempre había tratado de vivir lo mejor posible"[89]. Tampoco falta en la novela el *tópos* literario del sabio y del emperador, de invención cínica:

> Llegó el Emperador [Napoleón], con su séquito cabeceante de los tricornios. Era ya mediodía, Napoleón miraba entre las ramas hacia Cósimo y le daba el sol en los ojos. Empezó a dirigirle a Cósimo cuatro frases de circunstancias:
>
> -*Je sais très bien que vous, citoyen...*"-Y se hacía pantalla con la mano-, "...*parmi les forêts...*" -y daba un saltito hacia otro lado para que el sol no le diera en los ojos-, *parmi les frondaisons de notre luxuriante...*-y daba un saltito hacia acá porque Cósimo, con una inclinación de asentimiento, lo había dejado de nuevo al sol-.
>
> Viendo la inquietud de Bonaparte, Cósimo preguntó, cortés:
>
> -"¿Puedo hacer algo por vos, mon Empereur?"
>
> -Sí, sí -dijo Napoleón-, poneos un poco más acá, os lo ruego, para protegerme del sol, eso es, así, quieto..."-después se calló, como asaltado por una idea, y dirigiéndose

---

87. Calvino, "Posfacio", o.c. p. 400. "Se trata de encontrar la relación justa entre la conciencia individual y el curso de la Historia" (*ibidem*. p. 399)

88. Calvino, *o.c.* p. 236.

89. Calvino, *o.c.* p. 290.

al virrey Eugenio-: *Tout cela me rapelle quelque chose...
Quelque chose que j'ai déjà vu...*
Cósimo acudió en su ayuda:
-"No erais vos, Majestad; era Alejandro Magno".
-"¡Ah, claro! -dijo Napoleón-. ¡El encuentro de Alejandro y Diógenes"
-*Vous n'oubliez jamais votre Plutarque, mon Empereur*"-dijo Beauhaenais[90].

Murió con 65 años cumplidos, de una manera paradójica que Calvino cuenta con tono cínico lucianesco: colgado de un globo, entre el mar y el cielo. Su familia puso el siguiente cenotafio:

Cósimo Piovasco de Rondò -Vivió en los árboles- Amó
siempre la tierra
Subió al cielo[91].

13.- Un cuento de F. Kafka conocido como *Un astista del trapecio*[92] nos da la imagen de un peculiar estilita:

---

90. Calvino, *o.c.* pp. 282-283. Este episodio hace referencia a una anécdota famosísima, la del encuentro entre Alejandro Magno y Diógenes en Corinto. En ella, "el *philósophos* pone en evidencia la inferioridad del tirano por su insaciabilidad y su sumisión a la *dóxa*; el sabio está por encima de esa ambición de riquezas, honores, poder y pasiones que determinan la conducta del monarca; todo esto es, para el cínico, vanidad, *týpos* [...] . Como los demás encuentros de Diógenes con otros reyes, también este carece de base histórica. Cf. García Gual (1987) 50.

91. Calvino, *o.c.*, p. 291.

92. Su título, *Ertes Leid*, habría de traducirse por "primera tristeza", o mejor, "primera pena". Fue publicado en el año 1924. Seguimos la traducción española atribuida a J.L. Borges (1966), 137-142.

Un artista del trapecio [...] había organizado su vida de tal manera -primero por afán profesional de perfección, después por costumbre que se había hecho tiránica-, que, mientras trabajaba en la misma empresa, permanecía día y noche en el trapecio. Todas sus necesidades -por otra parte muy pequeñas- eran satisfechas por criados que se relevaban a intervalos y vigilaban debajo. Todo lo que arriba se necesitaba lo subían y bajaban en cestillos construidos para el caso.

La razón última de la actitud del trapecista -dice el narrador- era "conservar la extrema perfección de su arte", un arte ejecutado con excelsitud. En el trapecio el artista se privaba del contacto con los hombres; sólo de manera ocasional charlaba con algún compañero si, llegado el caso, este subía junto a él, o con algún obrero si realizaba cerca trabajos de mantenimiento. Lo peor para el trapecista eran los traslados de circo en circo. Entonces, el empresario procuraba que el suplicio del descenso durase el menor tiempo posible: era trasladado en automóviles que circulaban a gran velocidad por las noches, "demasiado lenta, sin embargo, para su nostalgia del trapecio". Cuando era preciso viajar en trenes, lo hacía en la redecilla del equipaje situada en la parte alta del compartimento[93]. En cualquier caso, era una tortura que no acababa hasta que podía ascender a su nuevo trapecio, montado incluso antes que el circo se instalara por completo.

---

93. Este empeño en no tocar la tierra en un traslado es común a Daniel el estilita: cuando el Emperador construye una nueva columna para el santo, hizo que se pusieran dos escaleras de mano junto a la nueva y vieja columna y un listón sobre dos escalones al pie de cada una. De esta manera pasó de una a otra sin tocar tierra (C. *Vida de S. Daniel,* XXV).

Un día el trapecista, desmoronado, en medio de una crisis de soledad, le dijo al empresario desde la redecilla que "en lo sucesivo necesitaba para su vivir, no un trapecio, como hasta entonces, sino dos, dos trapecios, uno frente a otro [...] Solo con una barra en las manos -dijo sollozando- ¡cómo podría yo vivir!" El empresario accedió cariñosamente; pero una grieta empezó a abrirse en su pensamiento, una grieta que turbaba su tranquilidad y amenazaba con llegar a ser un abismo:

Si semejantes pensamientos habían empezado a atormentarle -pensaba-, ¿podrían ya cesar por completo? ¿No seguirían aumentando día por día? ¿No amenazarían su existencia? Y el empresario, alarmado, creyó ver en aquel sueño aparentemente tranquilo, en el que habían terminado los lloros, comenzar a dibujarse la primera arruga en la lisa frente infantil del artista del trapecio.

Kafka vivió su vida como una exclusión del mundo. El arte, la literatura, al reflejar la imposibilidad de vivir en él, le sirven para dar unidad a su vida y como refugio del mundo del que se siente desterrado a causa, principalmente, del sentimiento del poder que se ejerce contra él, sentimiento que vive de manera abrumadora. Por ello, para Kafka el arte lo es todo, pues sin éste la vida le resulta simplemente insoportable[94]. Para este fin, él, que en su vida privada no era un asceta, era -y deseaba ser- un eremita del arte y del ejercicio literario. Ansiaba la soledad y el aislamiento absoluto para su obra. Con estos términos se lo dice a su prometida Felice Bauer:

---

94. Cf. Falk (1963) 142-154.

Nunca puede uno estar lo suficientemente solo cuando escribe; por eso nunca puede estar rodeado del suficiente silencio cuando escribe, y hasta la noche resulta poco nocturna [...] Muchas veces he pensado que la mejor forma de vida, para mí, consistiría en recluirme en lo más hondo de un sótano espacioso y cerrado, con una lámpara y todo lo necesario para escribir. Me traerían la comida y me la dejarían siempre lejos de donde yo estuviera, tras la puerta más exterior del sótano...[95].

El trapecista no baja al sótano, sino que sube sin renmedio a lo alto, porque allí, en las alturas perfectas del arte, no es molestado (tampoco los habitantes "del mundo" pueden sentirse amenazados mientras él se mantenga allá arriba; puede resultarles -incluso- cómodo y beneficioso). Pero Kafka, en su vida, sólo pretendió vivir aquí abajo, arraigado a la tierra[96]. El mundo de abajo era para él la "tierra prometida", un mundo infinitamente próximo, pero infinitamente inaccesible"[97]. El empresario intuye que el verdadero deseo del trapecista no consiste en perfeccionar su arte, sino en bajar a la tierra; pero su presencia, como representante del poder, señala la imposibilidad de que el artista llegue a ella. La consecuencia trágica del cuento consiste en la evidencia

---

95. Kafka: *Cartas a Felice*, 14-I- 1913, trad. J.J. del Solar. En toda la obra de Kafka está presente el tema de la madriguera -*Bau*- en la que se refugia del mundo. Un trasunto de ella es el sótano.

96. La dialéctica entre su vida literaria y su deseo de vivir en el mundo, con su familia, la mujer amada y los hijos, queda magistralmente ilustrada en el ensayo de E. Canetti, *El otro proceso de Kafka* (1968), recogido en el libro *La conciencia...* (1981), pp. 100-215.

97. Cf. Moeller (1995), p. 234. Esta tesis está desarrollada a lo largo de su ensayo; véase, especialmente, pp. 340-363.

de que el artista sólo es aceptado si se mantiene apartado del mundo del que se le ha excluido. Entre estos dos imposibles -el deseo de huida del mundo y el deseo de aceptación en el mundo- transcurrió la atormentada vida de Kafka. La vida del trapecista es, pues, un trasunto de la del propio Kafka: un estilita considerado desde el "otro lado".

BIBLIOGRAFIA

Baena, J.(1993), "¡Vivan las cadenas! (San Juan de la Cruz, otros místicos españoles y una película de Buñuel)", en *San Juan de la Cruz 12.*

Buñuel, L. (1985), *Mi último suspiro,* Barcelona.

Calvino, I. (1977), *Il barone rampante,* trad. E. Benítez, Madrid.

Canetti, E. (1968), *El otro proceso de Kafka,* en *La conciencia de las palabras,* trad. J.J. del Solar, pp. 100-215, Madrid

Caro Baroja, J. (1989) *De los arquetipos y leyendas. Dos tratados introductorios,* Barcelona.

Cavafis, C.P. (1989) *Poesía completa,* Trad. P. Bádenas, Madrid.

Elíade, M. (1972) [1951], *El mito del eterno retorno,* trad. R. Anaya, Madrid.

Elíade, M. *Imágenes y símbolos,*(1979) [1955], trad. R. Anaya, Madrid

Elíade, M. (1974) [1964], *Tratado de Historia de las Religiones,* trad. A. Medinaveitia, Madrid.

Elíade, M. *Lo sagrado y lo profano,* (1988) [1957], trad. L. Gil, Madrid.

Delehaye, H. (1962) [1923] *Les Saints Stylites,* Bruselas

Delehaye, H. (1961) *The Legends of the Saints,* Londres, Nueva York, Bombay y Calcuta.

Falk, W. (1963), *Impresionismo y expresionismo. Dolor y transformación en Rilke, Kafka,*

Falk, W. *Trakl,* Salzburgo, trad. M. Bueno, Madrid.

Festugière, A-J. (1959) *Antioche païenne et chrétienne: Libanius, Chrisosteme et les moines de Syrie,* Paris, pp. 388-401.

Festugière, A-J. (1961), *Les moines d'orient II: Les moines de la région de Constantinople. Vie de Daniel le stylite,* Paris

García Gual, C, (1987) *La secta del perro*, Madrid.

Gascó, F. (1985), "Cristianos y cínicos, una tipificación del fenómeno cristiano durante el siglo segundo", en: *Religión, superstición y magia en el mundo romano*, Univ. Cádiz

Gil, L. (1980) *El cinismo y la remodelación de los arquetipos culturales griegos*, RUC 1.

Kafka Franz. *Obras completas*, ed. J. LLovet, 1999-2003, Barcelona, varios volúmenes.

Kafka Franz. *Un artista del trapecio*, Madrid 1966, Alianza Editorial

Lasso de la Vega, J.S. (1966) *"Héroe griego y santo cristiano"* en *Ideales de la formación griega*, Madrid

Lietzmann, (1908) *Das Leben des heilegen Symeon Stylites* (texto y traducción), Berlín

Luciano, *Sobre la muerte de Peregrino*, en J. Alsina, Obras II, Barcelona 1966.

Moeller, Ch. (1995), *Literatura del siglo XX y cristianismo. Kafka*, vol. III, Madrid.

Nestle, W. (1981) *Historia del espíritu griego*, trad. M. Sacristán, Barcelona

Peeters, P. S. *Syméon Stylite et ses premiers biographes*, AB 61 (1943) 29 ss.

Peña, I; Castellana. R; Fernández R. (1975) *Les Stylites Syriens*, Milán.

Pérez Turrent, T. y De la Colina, J, *(1993), Buñuel por Buñuel [libro de conversaciones] Madrid.*

Perucho, J.(1984) *Els laberints de Bizanci*, Barcelona (trad. castellana en Alianza, 1989)

Perucho, J. (1989) "San Simeón el estilita y el caballero bizantino Kosmas", en *Las sombras del mundo*, Madrid.

Sánchez Vidal, A. (1988), *Buñuel, Lorca, Dalí: el enigma sin fin*, Barcelona.

Simón Palmer, J. (2014), *La vida sobre una columna. Vida de Simeón*

Estilita, *Vida de Daniel estilita,* Madrid.

Stierton, D. (1982) "Simeone Stilita, l' Anziano, santo", *Bibliotheca Sanctorum, Roma,* cols. 1137-1138.

Toutain, J.(1912) "La légende chrétienne de S. Simeon Stylite et ses origenes païennes", *Revue de l'Histoire des Religions 65 171-177.*

LAS METAMORFOSIS COMO GÉNERO LITERARIO EN LA ANTIGÜEDAD CLÁSICA Y EN LOS RELATOS DE KAFKA[1]

porque yo no soy un hombre, ni un poeta, ni una hoja,
pero sí un pulso herido que ronda las cosas del otro lado.
F.G. Lorca, Poema doble del lago Edem.

Cuando el hombre se ha enfrentado con la Naturaleza, y especialmente con los animales que la pueblan, se ha encontrado ante la poderosa presencia de *lo otro*. A partir de esta experiencia, ha nacido en él un sentimiento -el *extrañamiento*- que ha podido llevarle a una postura doble: a apartar o segregar, o a apartarse y segregarse de aquello que, por ser tan distinto, le inquieta. Pero el hombre ha experimentado también ante los animales una *fascinación*, de especial importancia cuando ha constatado que *lo otro* es semejante a él mismo, hecho que ha podido entonces llevarle a establecer con ellos una *identificación*. La doble respuesta ante *lo otro*

---

1. Citamos según la edición de Jordi Llovet *Franz Kafka. Obras Completas*, 1999-2003, en varios volúmenes, Barcelona, ed. Galaxia Gutemberg-Círculo de lectores. Señalamos, junto al título de la obra de Kafka y su fecha de publicación, el volumen de las O.C. seguido de página y nombre del traductor.

(extrañamiento e identificación), una vez formalizadas, han resultado una fuente de la que han emanado un gran número de creaciones simbólicas. La Mitología y la Literatura han podido de este modo, mediante el simbolismo animal, expresar ideas utilizando imágenes sensibles tomadas de la Naturaleza y ofrecer unos reflejos especialmente esclarecedores, unas iluminaciones insospechadas, al desplegar el complejo juego de espejos en el que los hombres se miran en la imagen de los animales y viceversa[2]. Este doble juego de identificación y diferenciación entre unos y otros puede apreciarse también en las creaciones de metamorfosis, pues en ellas los animales pueden mostrar aspectos puramente humanos (los hombres que fueron), y, al mismo tiempo, dejar al descubierto el animal que, escondido en la madriguera de su intimidad, los hombres son[3]. Sobre el simbolismo establecido entre animales y hombres contamos con valiosas reflexiones desde antiguo[4].

Franz Kafka otorgó en su obra una gran importancia a los animales, quizá por considerarlos un medio de acceso al hombre[5]. Parece unánimemente aceptada por parte de los estudiosos una estrecha identificación simbólica entre los hombres y los animales en el mundo kafkiano, porque en

---

2. Sobre este aspecto, en lo referente al mundo griego, véase Darmon, J-P. y Schnapp-Gourbeillon, A.: «El valor semántico del bestiario en la mitología griega», en Bonnefoy, I. (ed.) 1981, pp. 219-234.

3. Cf. Brunel (1974: 180-181).

4. Puede decirse, de manera general, que el juego simbólico–literario se ejerce entre dos planos, los tradicionalmente llamados real e imaginario. Ya Teón (*Rhetores graeci* II, p. 72, Spengel), en el siglo I ó II d. C., definía la fábula como «un relato fingido que ofrece una imagen de la verdad».

5. Un resumen de las principales interpretaciones por una parte de la crítica acerca de la significación de los animales en la obra de Kafka puede leerse en W. Falk (1961: 558, n. 28).

él, ni los hombres son casi nunca solamente humanos, ni los animales están del todo alejados ni son extraños al comportamiento de la sociedad y de los hombres[6]. Pero, ante todo, los animales sirvieron a Kafka como un recurso de expresión literaria. En este sentido, conviene señalar de entrada que su obra es heredera de motivos y estructuras simbólicas tradicionales. En efecto, «el núcleo del arte narrativo de Kafka» es, según el crítico Jordi Llovet, «el aliento del mito», porque goza de una «fuerza evocadora sustancial» [7]; no en vano ejerce su poder sobre «una memoria y unas costumbres colectivas»[8]. Pero, en la escritura kafkiana, «el aliento del mito» acaba adquiriendo unos perfiles particulares, unas significaciones especiales, fruto de una transgresión calculada de las reglas del arte. Utiliza cristalizaciones literarias, moldes reconocibles, sí, pero alterados de tal manera que sus obras desembocan en una mitología original, nueva, aquella que crea la atmósfera inconfundible −siempre inquietante y fascinante− a la que, por pereza, seguimos llamando kafkiana. Sirva como ejemplo esta *Fabulilla* en la que hablan los animales-hombres (u hombres animales):

"Ay" −dijo el ratón−, "el mundo es cada día más pequeño. Primero era tan ancho que me daba miedo, seguí corriendo y me sentí feliz al ver por fin los muros que se alzaban a lo lejos, a derecha e izquierda, pero esos largos muros se precipitan tan velozmente los unos contra los otros que ya estoy en el último cuarto y allá en el rincón

---

6. Cf. J. Llovet (1990: 9−10) y M. Salmerón (1999: 28−35).

7. Llovet (Prólogo a las *Obras Completas*, III, p. XXX).

8. *Ibid.*, p. XXXI.

espera la trampa en la que voy a caer. "Tienes que cambiar la dirección de tu carrera", dijo el gato, y lo devoró[9].

Sabemos que Kafka era reacio a que se clasificaran sus relatos en los que los animales juegan un papel relevante bajo el epígrafe de parábolas, alegorías o cualquier otro tipo de género literario; prefería títulos más neutros, como *Historias de animales*[10]. El título de su obra más conocida, *La Transformación* (*Die Verwandlung*), traducida tradicionalmente como *La Metamorfosis*, un título de gran solera literaria en la antigüedad clásica, alude en lengua alemana tan sólo a la idea neutra de «cambio» o «transformación». Kafka prefirió esta palabra germánica a la de raíz griega *Metamorphose*, «posiblemente porque deseaba aproximar el sentido de su narración al plano de lo doméstico, lo habitual y lo cotidiano, y porque deseaba alejarlo del plano de lo extraordinario, lo fantástico y lo mitológico»[11]. Pero, a pesar de ello, las leyes artísticas del género de las Metamorfosis siguen conservando en la obra del escritor checo rasgos de forma y contenido, combinados, eso sí, con aquellos conscientemente alterados. Es preciso tener en consideración esta circunstancia para el cabal entendimiento de la originalidad de sus relatos de metamorfosis. Podría decirse, de manera general, que, dentro de la tradición fantástica de las metamorfosis, Kafka se mueve

---

9. *Fabulilla* (1920), O.C. III, p. 762. Trad. A. Kovacsics. En esta historia puede percibirse el principio de contradicción: el camino a la libertad y la vida es el camino a la prisión y la muerte. Ello produce la angustia del cazador cazado.

10. Cf. Llovet (1990: 8). Sin embargo, para W. Benjamín (1938: 207), «las creaciones kafkianas son todas ellas parábolas».

11. Cf. Llovet (O.C. III, p. 987)

como un artista del trapecio que salta siempre sobre «el otro lado», sobre «el lado insólito» de los términos tradicionales que ofrece el simbolismo. Ello es posible, principalmente, por la especial consideración que hace de los animales y de los hombres en la época en que le tocó vivir, según veremos.

Las metamorfosis, tanto en la mitología clásica como en la literatura de ficción, presentan una gran variedad. Podemos recordar, a un nivel mítico o religioso, el esplendor de los dioses griegos que se manifestaban por su propio poder en distintas formas (animales, humanas, etc.), formas de las que podían volver, al cabo del tiempo, para seguir siendo ellos mismos; o de la ascensión de algunos héroes a la categoría de dioses (esta última modalidad –la apoteosis–, por la que se pasaba de algo menos que un hombre a algo más que un hombre, era, sin embargo, la menos frecuente)[12]. La inmensa mayoría de las metamorfosis en el arte y la literatura del mundo clásico, sin embargo, expresan principalmente el descenso de un hombre a una naturaleza animal: nos hablan de personajes que, tras una *caída* (su pecado original) adquieren un nuevo estado; algunos de ellos, tras un penoso camino, tras una serie de pruebas, pueden volver a recuperar su anterior condición humana. Esta vuelta supone entonces una *redención*. En los cuentos tradicionales podemos encontrar muchas metamorfosis, pero –advierte Rafael Sánchez Ferlosio– sólo de estas dos clases, las *definitivas*, en las que un ser metamorfoseado permanece en su nuevo estado para siempre, o aquellas en que «la metamorfosis es un estado transitorio de *desfiguración* del aspecto sensible *verdadero*, que al final se recupera»[13]. En este tipo, «el paso

---

12. Es famoso, en la Mitología griega el caso de Heracles. Ovidio (*Met.* XV, 745–870) habla de la divinización del alma de César.

13. R. Sánchez Ferlosio (1972: 15)

de peor a mejor es siempre una segunda metamorfosis que deshace otra anterior y, por lo tanto, un retorno, un rescate, una liberación»[14]; por el contrario, «el paso de mejor a peor es siempre, eterno o transitorio, un *castigo*»[15]. Un ejemplo clásico de metamorfosis de rescate es la de Lucio, el protagonista del relato de Luciano de Samosata (s. II d.C.), *Lucio o el asno*, y de la novela de Apuleyo (s. II d. C), *El asno de oro*[16], quien, tras haberse convertido en este animal, logra finalmente, tras una serie de pruebas, recuperar su forma humana. El protagonista de la metamorfosis más conocida de la obra de Kafka, Gregor Samsa, por el contrario, una vez transformado en un insecto, no recuperará ya nunca su forma originaria.

Se ha considerado, por otra parte, que el ser resultante de una metamorfosis está ya preludiado en la vida anterior del personaje en que acaba transformándose. El hecho de que el ser transformado siga siendo, de alguna manera, el mismo que antes de su metamorfosis, hace posible, en efecto, el establecimiento de un simbolismo entre ambos seres: Una mujer dura de corazón, por ejemplo, puede acabar convertida en una piedra[17]. Otra de una vivacidad extraordinaria, en comadreja[18]. La lubricidad y ambición de Lucio acarrean su conversión en asno, animal que en la antigüedad repre-

---

14. *Ibid.*

15. *Ibid.*

16. Ambas obras derivan seguramente de otro texto perdido, según el patriarca bizantino Focio. Véanse las introducciones a las respectivas traducciones de Apuleyo de J. Martos, 2003, y de L. Rubio, 1978.

17. Es el caso de la leyenda de Anaxárete. Cf. Ovidio, *Met.* XIV, 698-771 y Antonino Liberal, *s.u.* Arsínoe, *Met.* 39.

18. Es el caso de la leyenda de Galántide. Cf. Ovidio, *Met.* IX, 306-323, y Antonino Liberal, *s.u.* Galintíade, *Met.*29.

sentaba, simbólicamente, dichas características[19]. Las metamorfosis, tanto en su paso de mejor a peor como de peor a mejor, parecen seguir la máxima de Píndaro: «¡házte el que eres!»[20]. El símbolo o la metáfora establecidos por medio de la metamorfosis participa así de dos planos: es lo mismo y es lo otro; es, a la par, un antes y un después[21].

Antes de abordar la originalidad de los relatos de metamorfosis de Kafka con respecto a los parámetros del género en la antigüedad, puede resultar útil su comparación con una leyenda de la mitología griega, una historia de metamorfosis «clásica» en su género, a pesar de su sobriedad literaria. Se trata de la leyenda de Cerambo, cuyo más antiguo tratamiento se remonta a Nicandro de Colofón, autor y recopilador de relatos de *Transformaciones* (*Heteroioúmena*) que vivió en el siglo II a. C[22]. Ha llegado hasta nosotros gracias a la colección de historias de metamorfosis que realizó Antonino Liberal, un autor de época y nombre romanos que escribió en griego en el siglo II d. C[23]: Cerambo, hijo y nieto de dioses[24], fue un pastor que ocupaba su tiempo en el ejercicio bucólico de la música al pie de los montes de Tesalia. Pasaba por ser el mejor cantor de su tiempo y el inventor de la siringa pastoril; se decía también que fue el primer

---

19. Cf. Brunel (1974: 174).

20. Píndaro, *Pitica* II, 72.

21. Cf. Brunel (1974: 180-181)

22. Cf. Gow y Scholfield (1953: 4–8).

23. Cf. M. Papathomopoulos, *Les Métamorphoses,* edición, París 1968, p. IX. La leyenda de *Cerambo* figura en el capítulo XXII. Ovidio trata también esta historia brevemente (*Met*, VII, 353–356)

24. Su madre era Idotea, una ninfa, y su padre, Eusiro, hijo del dios Posidón. Cf. Antonino Liberal, XXII, 1.

mortal que tañó la lira y que con su canto hacía las delicias de las musas. Su felicidad, sin embargo, llegó a su fin en el momento en que, enloquecido por los dioses, no siguió el consejo del dios Pan de trasladar su ganado a otra región más suave cuando ya era inminente un invierno riguroso. Ciego de soberbia (*hýbris*) se atrevió además a insultar a Posidón y a las ninfas. Cuando se helaron los torrentes y una copiosa nevada cubrió ganado, árboles y senderos, pagó el precio de su delito: Las diosas lo convirtieron en un insecto que Nicandro (o Antonino) se ocupa en describir detalladamente: «Aparece en los árboles, tiene dientes ganchudos y mueve el mentón continuamente; es negro, alargado, de alas duras [en rigor, élitros], parecido a los grandes escarabajos»[25]. Esta descripción tan precisa permite la identificación de su especie sin dificultad: Se trata del llamado «ciervo volante» (*Lucanus cervus*), un escarabajo del que se cree que da saltos como los ciervos, a los que se asemeja por la forma de sus astas[26]. Recibe también el nombre de «buey comedor de leña» por su tendencia a devorarla. Su cabeza se parece además a una lira de caparazón de tortuga[27]. Por último, la leyenda nos informa de un entretenimiento: los niños llevan, a modo de amuleto, su cabeza cortada al cuello, como un juguete que

---

25. Antonino Liberal, XXII. 6. Trad. J.R. del Canto Nieto.

26. Entre los tesalios recibe el nombre de *kerámbix*, nombre derivado de la raíz indoeuropea *ker, que significa «cabeza», «cuerno». Cf. Gil (1959: 50–55; 78–81).

27. Según la tradición, fue el dios Hermes el primero que fabricó una lira: vació una tortuga y atravesó, perforando el dorso, el caparazón valiéndose de dos cañas en forma de cuernos que sobresalían; a través de ellas tendió una tablilla en forma de puente sobre la que tensó siete cuerdas fijadas al otro extremo del caparazón, el cual servía de caja de resonancia. Cf. *Himno homérico a Hermes*, IV, 22 y 45 ss.

evoca la lira musical[28], hecho que recuerda en el presente las vicisitudes y desgracias pasadas de Cerambo.

El protagonista de *La Transformación* de Kafka no goza de una alcurnia divina, sino que se trata de un corriente viajante de comercio que vive con su familia, a la que sostiene. Así como los avatares de Cerambo acaban en una metamorfosis (la leyenda no es sino el preludio de ésta), es precisamente con una metamorfosis como comienza el relato de Kafka, con una frase tan concluyente como difícil de olvidar:

> Cuando, una mañana, Gregor Samsa se despertó de unos sueños agitados, se encontró en su cama convertido en un monstruoso bicho[29].

Esta última palabra (en alemán *Ungeziefer*) es más imprecisa que la usualmente traducida como «insecto» (en alemán, *Insekt*); significa algo así como «bicho» o «bicharraco». Mucho se ha especulado acerca del tipo de bicho en que se ha convertido Gregor; la descripción, a diferencia de la historia de Cerambo, es sumamente imprecisa. Se trata, en primer lugar, de un tipo de artrópodo: «sus numerosas patas, de una deplorable delgadez en comparación con las dimensiones habituales de Gregor, temblaban indefensas ante sus ojos»[30]. Vladimir Nabokov[31] ha interpretado «numerosas patas» como «seis», multiplicadas por el asombro del prota-

---

28. Cf. Antonino Liberal, XXII. 6.

29. *La transformación* (1915), O.C. III, p.87. Trad. J.J. del Solar B.

30. *Ibid.*

31. Nabokov (1986: 112).

gonista. En tal caso nos hallaríamos, efectivamente, ante un insecto. Pocos datos entomológicos más ofrece el relato: su vientre es oscuro, convexo, surcado por callosidades en forma de arco; dispone además de antenas. La espalda, también abombada, sugiere que guarda unos élitros[32]; tiene fuertes mandíbulas y es capaz de trepar por la pared valiéndose de sus patas, que son viscosas. Aunque tiene la vulnerabilidad de los pequeños insectos, su tamaño, según puede deducirse indirectamente, es el de un perro[33]. Quizá lo más peculiar y metafóricamente significativo sea que está dotado de un duro caparazón[34] que utiliza a modo de escudo para amortiguar las caídas que efectúa, como entretenimiento, desde el techo. Hay quienes han considerado que se trate de una chinche, insecto del que habla Kafka en su diario poco antes de escribir la obra. Es a propósito de algo que ha oído contar a un compañero de oficina. Dice así:

> Su aversión a los insectos. Una vez, por la noche, cuando estaba haciendo el servicio militar, sintió un escozor debajo de la nariz; dormido, llevó la mano has-

---

32. «En los escarabajos, estos élitros ocultan unas finas alitas que pueden desplegarse y transportar al escarabajo por millas y millas en torpe vuelo. Aunque parezca extraño, el escarabajo Gregorio no llega a descubrir que tiene alas bajo el caparazón de su espalda». Nabokov, *o.c.* p. 112.

33. En Kafka, «la metamorfosis en algo pequeño se torna más evidente, tangible y verosímil gracias a que el animal, al aumentar de tamaño, se acerca más a nosotros.» Canetti (1968: 187)

34. «El ansia patética de buscar cierta protección frente al engaño, la crueldad y la suciedad es el factor decisivo para que se formara el caparazón, su escudo de escarabajo, que al principio parece fuerte y seguro, pero que al final se revela tan vulnerable como lo había sido su espíritu y su carne enferma». Nabokov, *o.c.*, p. 115.

ta allí y aplastó algo. Pero aquel algo era una chinche (*Wanze*) y durante muchos días paseó por todas partes aquel fétido olor.[35]

Otros han considerado una cucaracha debido a la concordancia que aprecian en el relato entre este insecto y la querencia de Gregor por los sitios oscuros y escondidos, como el cobijo que busca debajo del sofá de su cuarto; pero las cucarachas tienen patas anchas y planas. Para algunos no se trata de un animal repugnante, sino doméstico, como los escarabajos que tenían su madriguera bajo los suelos de madera de las casas de Praga a principios del siglo XX, animales considerados, hasta cierto punto, «parásitos familiares». Aunque el insecto en que se ha convertido Gregor sólo pertenece al reino de la fantasía, ha sido considerado también un escarabajo. En su obra *Preparativos de boda en el campo*, el protagonista preludia en cierta manera el insecto de la Metamorfosis:

> Y mientras estoy acostado en la cama tengo la forma de un gran escarabajo, de ciervo volante (*Hirskäfer*) o de un abejorro (*Maikäfer*) [36], creo yo (…) La forma de un gran escarabajo, sí (…) y apretaba mis patitas contra mi vientre abombado[37].

Otros, en fin, atendiendo a algunos rasgos peculiares, han querido ver un «escarabajo pelotero (o estercolero)». En

---

35. *Diarios. Cuaderno sexto* (18-IX-1912), O.C. II, p. 345. Trad. A. Sánchez Pascual y J. Parra.

36. A veces se ha traducido como «Escarabajo de Mayo».

37. *Preparativos de boda en el campo* (1906-1907), O.C. III, p. 329. Trad. J. J. del Solar B.

efecto, el *scarabaeus sacer* es un coleóptero negro que fabrica con los excrementos bovinos unas pelotas que lleva rodando hasta su nido. En la habitación de Gregor «aquí y allá se veían ovillos de polvo y suciedad»[38], y «también él estaba completamente cubierto de polvo; sobre su espalda y a los lados arrastraba consigo hilos, pelos y restos de comida.»[39] En un momento avanzado de la obra, la limpiadora de la casa le llama precisamente así (*Mistkäfer*)[40]. Lo único que parece seguro es que Kafka quiso conscientemente para el insecto una indefinición que penetrara en el mundo subjetivo del lector[41].

La leyenda de Cerambo es etiológica: la metamorfosis se presenta como una *explicación*, pues introduce, junto a la causa de la metamorfosis, otra causa secundaria: la del origen del ciervo volante[42]. En *La Transformación* de Kafka, por el contrario, no es un hombre, como en el caso de Cerambo, quien explica objetiva y racionalmente una especie animal,

---

38. *La transformación*, 1915, O.C. III, p. 126. Trad. J. J. del Solar B.

39. *Ibid.* p. 131.

40. «Al principio [la limpiadora] lo llamaba con palabras que probablemente le parecían cariñosas, como "¡Ven aquí, viejo escarabajo!" o: "¡Caramba con el viejo escarabajo estercolero!" (*Seht mal den alten Mistkäfer!*).» *Ibid*, p. 128. Se ha considerado frecuentemente la casi homografía de las tres primeras letras de la palabra escarabajo, *Käfer*, con el inicio de la palabra Kafka, que además cuenta con el mismo número de letras.

41 Por ello dijo explícitamente a su ilustrador, Ottomar Starke, en su publicación del año 1915: «El insecto mismo no puede ser dibujado. Ni tampoco puede ser mostrado desde lejos»

42. La causa secundaria puede considerarse también la primaria. Cf. Brunel (1974: 6-7). Se trata de un tipo de leyendas metonímicas: proponen la explicación de la especie (el todo), a partir de la explicación de la parte (el personaje mitológico).

sino que, como en un espejo inverso, a través de una subjetividad llevada al extremo, a través de una irracionalidad abierta a interpretaciones, es un animal el que explica los distintos aspectos animales en que se ha convertido un hombre, Gregor, y por extensión, la especie humana. La diferencia fundamental entre un relato de tipo nicandreo y uno kafkiano estriba, pues, en el peculiar punto de vista desde el que se consideran los elementos de la metamorfosis. La clave está en la primacía que se establece entre el término real y el imaginario en ambos relatos. Si en el caso de Cerambo el personaje real acaba convertido en un escarabajo (término imaginario) que evoca algún aspecto de su forma o explica metafóricamente algún rasgo del cantor soberbio, en Kafka quedan invertidos estos conceptos: Trata al escarabajo como una metáfora que define, no la forma, sino el carácter esencial del yo de Gregor, y, al tratar el término metafórico imaginario como real, transforma la realidad en una metáfora, de la que el relato pretende ser su explicación[43]. Desde esta perspectiva inversa, es importante señalar, como hace Nabokov, un hecho asombrosamente paradójico: «Gregorio es un ser humano bajo un disfraz de insecto; sus familiares son insectos disfrazados de personas»[44], ya que la transformación no afecta sólo a Gregor, sino a toda la familia. En *La transformación* ya no hay un antes temporal (como en el caso de Cerambo) que acabe dando cuenta de un ser metamorfoseado: Gregor y el insecto aparecen a la par en la primera frase del relato, y es sólo a medida que avanza la acción cuando se nos explica cómo son el hombre y el insecto, como si las agujas de un reloj marcharan una hacia delante y otra hacia detrás al mismo tiempo. De esta

---

43. Cf. Brunel, *o.c.*, p.28.

44 Nabokov, *o.c.*, p. 140.

manera, «lo otro» representado por el escarabajo resulta «lo mismo» (y lo mismo, lo otro).

Cuando hablamos de metáfora al referirnos a las metamorfosis en la antigüedad clásica y en la obra de Kafka, nos hallamos ante términos distintos. En la metáfora clásica hay un inequívoco parecido objetivo entre la forma (o conducta) de los personajes míticos y la de los seres transformados. La metáfora kafkiana, por el contrario, es más irracional, y en tal sentido, más moderna. El poeta y crítico Carlos Bousoño[45] ha llamado «imágenes visionarias» a aquellas imágenes simbólicas en las que la identificación entre un plano real **A** y un plano imaginario **B** son percibidas no de un modo lógico o formal, sino a través de una *emoción* **Z**. En algunas de estas imágenes, los elementos constitutivos de **B** (b1, b2, b3, etc) refuerzan la impresión **Z**, resultante de la identificación de **A** y **B**. Apliquemos este esquema a *La Transformación*. Ante un principio tan impactante, sin explicaciones previas, que identifica, tras una metamorfosis, a Gregor (**A**) con un insecto monstruoso (**B**), el lector experimenta una sensación de extrañeza (**Z**). Esta emoción presupone algún tipo de analogía que puede percibirse, al menos irracionalmente, a través de las emociones que identifican ambos planos. La «irracionalidad» de la comparación entre un hombre y un insecto puede explicarse en la obra de Kafka, en primer lugar, a partir de la profunda convicción de que la propia interioridad del hombre es desconocida, misteriosa, extraña. El hombre vive en su cuerpo como un *extraño*. «Quizá ilustre este lado del asunto –dice Walter Benjamín– que Kafka coloque con tanta frecuencia animales en el centro de sus narraciones. Podemos seguir un buen rato sus historias de animales sin percatarnos en absoluto

---

45. Bousoño (1976: 186-231, esp. pp. 214-215)

de que no se trata en ellas de hombres. Al topar con el nombre del animal –un ratón o una araña– despertamos asustados y advertimos de una vez que estamos muy lejos del continente del hombre»[46]. La eficacia de la identificación profunda entre ambos planos radica, por consiguiente, en una sensación de extrañeza que desemboca en un *extrañamiento* (apartar o apartarse, segregar o segregarse); así puede percibirse, de manera continua, en las distintas reacciones de los protagonistas ante este insólito hecho. El jefe, la madre, el padre, por ejemplo, reaccionan de la siguiente manera cuando se enfrentan por vez primera con el insecto:

> Aún estaba entregado [Gregor] a esa difícil maniobra [abrir la puerta], sin tiempo para pensar en otra cosa, cuando oyó que el gerente lanzaba un fuerte «oh!» –sonó como cuando muge el viento-, y también lo vio, pues era el más próximo a la puerta, taparse con la mano la boca abierta y retroceder lentamente, como impulsado por una fuerza invisible (…) [La madre] miró primero al padre con las manos juntas, dio luego dos pasos hacia Gregor y, hundiendo el rostro en el pecho hasta que desapareció del todo, se desplomó en medio de sus faldas (...) El padre cerro el puño con expresión hostil, como queriendo hacer retroceder a Gregor a su habitación. [47]

Pero, a todas estas emociones se unen otras en las que se sugiere una *identificación* entre el hombre y el ser transformado (impotencia, sentimiento de exclusión, indefensión, fragilidad, incomprensión, culpabilidad, etc, por parte de Gregor), que sir-

---

46. Benjamín (1971: 214–215)

47. *La Transformación*, 1915, O.C. III, p. 99. Trad. J. J. del Solar B.

ven también para explicar la extraña emoción inicial. En efecto, poco a poco, el lector va percibiendo, con un principio de horror, la *identificación* profunda entre el ser humano y el animal que anida en el interior del hombre. En su desarrollo, las cualidades del plano **B** que pueden explicar su identificación con el plano **A** se le van ofreciendo al lector en un abanico amplio y subjetivo de emociones desde distintos puntos de vista. Esta es, sin duda, una de las razones por las que Kafka quiso conscientemente la imprecisión del insecto: para que se ajustara a las emociones particulares –irracionales y subjetivas– de los lectores.

En cuanto a los aspectos puramente técnicos, las metamorfosis antiguas y modernas pueden coincidir en algunos aspectos. Pueden ser narradas en tercera o en primera persona; «desde fuera» (describiendo objetivamente la forma del nuevo ser), o «desde dentro» (Lucio, por ejemplo, narra sus propias experiencias de conversión en asno). Pero hay algunos rasgos en los relatos de transformaciones de la antigüedad que coinciden con los de las metamorfosis modernas, como es la kafkiana, y resultan un elemento de gran potencial literario: los derivados de la conservación de la conciencia humana en los personajes metamorfoseados[48]. La curiosidad acerca de la posibilidad de la conservación de la conciencia humana tras una metamorfosis en animal es precisamente lo que le lleva al protagonista en el *Lucio o el asno* a convertirse en animal: «Quería yo aprender por experiencia si, al cambiar externamente mi forma humana, tendría también alma de pájaro»[49], dice el protagonista después de haber visto a la esposa de su

---

48. Sobre este tema, véase J.-M. Frécaut (1985: 115-143).

49. Luciano, *Lucio o el asno*, 13. Trad. J. L. Navarro

anfitrión convertirse en un cuervo nocturno[50]. El motivo del personaje metamorfoseado que guarda la conciencia de sí mismo es muy antiguo. Homero señala expresamente que los compañeros de Ulises, convertidos por la maga Circe en cerdos, guardaban, sin embargo, su antigua mente de hombres[51]. En los cubiles donde fueron encerrados, lloraban y se alimentaban de bellotas y hayucos hasta que volvieron a recobrar su figura humana. En esta escena homérica se inspiró Ovidio para contar la historia inventada de Macareo, el compañero de Ulises que da cuenta de su metamorfosis una vez recobrado su aspecto humano[52]. Ni uno ni otros podían articular en su nuevo estado un lenguaje humano[53]. El mismo proceso encontramos en personajes como Ío[54], la hija de Ínaco, la doncella de Argos a la que Júpiter sedujo y posteriormente metamorfoseó en una hermosa ternera blanca a fin de sustraerla a la venganza de su celosa esposa. Pero Juno, que sospechaba el adulterio, se la pidió a su esposo y se la entregó a Argos, el guardián de cien ojos. Una vez muerto el centinela, Juno atormentaba con un tábano a la muchacha, quien, «por sus gemidos, lágrimas y quejumbrosos mugidos pareció que dirigía a Júpiter sus lamentos, pidiéndole el fin de sus desgracias»[55]. Finalmente recuperó su figura humana.

---

50. Cf. Apuleyo, III, 22-23.

51. Cf. *Odisea*, X, 240.

52. Cf. Ovidio, *Met.* XIV, 223 ss.

53. Cf. Ovidio especifica que, a Macareo, en lugar de palabras, tan sólo le era posible emitir un ronco murmullo: *pro uerbis edere raucum/ murmur* (*Met.* XIV, 280-281)

54. Cf. Ovidio, *Met.* I, 584 ss.

55. Trad. Ruiz de Elvira: *et gemitu et lacrimis et luctisono mugitu/ cum Ioue uisa queri finemque orare malorum.* (*Met.* I, 732-733)

Sólo entonces, dice Ovidio, «vuelve a ensayar tímidamente el interrumpido uso de la palabra» [56]. Otro tanto le ocurrió a Calisto, una muchacha del cortejo de la diosa cazadora Ártemis, que, seducida por Zeus, vino a convertirse, por obra de la diosa, en un animal. Sus antiguos sentimientos, señala Ovidio, «permanecen en ella incluso después de convertida en osa, y atestiguando por sus constantes gemidos sus angustias levanta al cielo y a los astros las manos conforme las tiene, y piensa, aunque no puede decirlo, que Júpiter es un ingrato.» [57] El padre de los dioses, finalmente, la convirtió en constelación, la que recibió el nombre de Osa[58]. El cazador Acteón, en fin, fue transformado en ciervo, no por un crimen, sino por una «falta de la Fortuna»[59]: había visto involuntariamente la desnudez de la diosa Diana. Cuando Acteón, una vez transformado, contempló su rostro en el agua, tampoco pudo articular palabra. Un gemido fue su lenguaje, «unas lágrimas corrieron por un rostro que no era el suyo, y sólo su primitiva inteligencia le quedó«[60]. Sus perros, que no lo reconocieron, lo devoraron. De la misma manera, el protagonista de la obra de Luciano,

---

56. Trad. Ruiz de Elvira: ...*timide uerba intermissa retemptat*. Ovidio, *Met.* I, 746.

57. Trad. Ruiz de Elvira: *Mens antiqua manet (facta quoque mansit in ursa),/ adsiduoque suos gemitu testata dolores/ qualescumque manus ad caelum et sidera tollit/ ingratumque Iouem, nequeat cum dicere, sentit.* Ovidio, *Met.* II, 485-488.

58. La leyenda se remonta a Hesíodo (frag 163 Merkelbach-West). Cf. Eratóstenes, *Catasterismos*, 1 y 8, ed. J. Pàmias. Sobre las fuentes de la leyenda, véase Forbes-Irving (1992: 202-205).

59. *Fortunae crimen...non scelus* (Ovidio, *Met.* III, 141-142).

60. Trad. Ruiz de Elvira: ...*uox nulla sequta est;/ingemuit; uox illa fuit, lacrimaeque per ora/ non sua fluxerunt; mens tantum pristina manet.* (Ovidio, *Met.* III, 201-203).

tras haber sido convertido él mismo en asno, confiesa: «En todos los aspectos yo era un burro, pero en mis entrañas y mi mente seguía siendo aquel hombre, Lucio, con excepción de la voz»[61]. A estos personajes Ovidio sigue denominándolos en su poema con su nombre personal, y comparten otros elementos: acaban aceptando una nueva forma de alimento en consonancia con su nueva naturaleza animal y buscan el apoyo de sus allegados, con quienes intentan comunicarse, aunque en vano, ya que éstos no pueden comprenderles al no poder articular aquellos un lenguaje humano. El protagonista de la obra de Kafka, al principio de su transformación, también cambia la voz:

> Gregor se asustó al oír su propia voz [...] pues aunque era, inconfundiblemente, la de siempre, salía como desde muy abajo y mezclada con un doloroso e irreprimible pitido que solo en un primer momento permitía oír con claridad las palabras, para luego, cuando resonaban, deformarlas de tal modo que uno no sabía si había oído bien[62].

Más adelante, el gerente de la empresa en que trabaja Gregor, al presentarse en casa de la familia Samsa, dice: «¿Has oído cómo hablaba? Era una voz de animal»[63]. Ello no obsta para que sus padres y hermana sigan refiriéndose a él como Gregor, aunque él acabe encontrando tan solo su incomprensión. Así mismo rechaza la comida que su her-

---

61. Luciano, *Lucio o el asno*, 15. Trad. J.L. Navarro.

62. *La Transformación*, 1915, O.C. III, p. 89. Trad. J.J. del Solar B.

63. *Ibid.* p. 97.

mana le ofrece en una escudilla: «leche azucarada en la que nadaban rodajitas de pan blanco»[64], para acabar aceptando una comida no apta para un ser humano: Sobre un periódico viejo, dice el narrador, ahora

> …había verduras pasadas y medio podridas, huesos sobrantes de la cena, rodeados de una salsa blanca que se había endurecido, unas cuantas pasas y almendras, un queso que, dos días antes, Gregor había calificado de incomestible[65] (…) «Rápidamente y con lágrimas de satisfacción en los ojos fue devorando uno tras otro el queso, la verdura y la salsa; los alimentos frescos, en cambio, no le gustaron, ni siquiera podía soportar su olor…[66]

Sobre los seres transformados en animales que conservan sus pensamientos y sentimientos humanos, dice Frècaut: «nos hallamos en presencia, no de un individuo afectado por un desdoblamiento de personalidad, sino de un ser híbrido, medio hombre–medio animal, por ejemplo, y en rigor, un monstruo»[67]. Visto desde la otra cara: Se trata de híbridos[68] que no son ni animales ni hombres. Seres que tienen pensamientos y sentimientos humanos, pero no lenguaje para expresarlos, que

---

64. *Ibid.* p. 105

65. *Ibid.* p. 107.

66. *Ibid.* p. 108.

67. Frècaut (1985: 116)

68. A Kafka le atraían los seres híbridos. Recordemos su breve relato titulado *Un cruzamiento*, cuyo protagonista es un animal, mitad cordero, mitad gato, y su fascinación por las sirenas en el titulado *El silencio de las sirenas.*

tienen deseos, pero no cuerpo para realizarlos.[69]

Otro aspecto desde el que se pueden considerar las metamorfosis es el de la motivación que lleva al cambio. Para algunos personajes míticos, como Proteo[70], el viejo dios marino que habitaba junto a las costas de Egipto, la fuente del cambio era su propio deseo[71]. Para otros seres, la metamorfosis es una *salida*, una *huída* de su sufrimiento: La ninfa Dafne, perseguida por el dios Apolo, fue convertida graciosamente por la divinidad en el árbol del laurel[72]. En el caso de los infelices compañeros de Ulises y de Lucio, es una mala pasada, una «equivocación del deseo» la que acarrea la metamorfosis. En todos estos casos puede apreciarse la acción de *fuerzas divinas* en la ejecución del cambio. Este hecho configura al héroe sujeto a una metamorfosis como un ser dominado por potencias que le sobrepasan. Hay también en el caso de Gregor Samsa un poder extraordinario por el que es convertido en escarabajo y ante el que no puede sustraerse, pero que no es posible especificar, por lo que tampoco podemos saber la motivación de su metamorfosis, a no ser que obedezca a un «deseo inconsciente» u «oscuro»[73].

Pero, volvamos a las leyendas de Kafka y Nicandro. Asentado el principal elemento común a ambas metamorfosis –el paso de dos seres humanos a insectos, uno descrito con precisión entomológica, otro más abstracto e indefini-

---

69. Cf. Salmerón (1999: 29).

70. Cf. *Odisea*, IV, 349 ss.

71. El deseo, al menos cuando es consciente, incita a la imitación, la candidata a las metamorfosis Cf. Brunel (1974: 29).

72. Cf. Ovidio, *Met.* I, 452-582.

73. Cf. Brunel (1974: 27).

do—, y dejando aparte la abismática diferencia estilística que media entre el relato de un autor tocado por la genialidad y una leyenda tradicional sin pretensiones literarias; puesta al margen también la diferencia entre un personaje con conciencia de su metamorfosis, un personaje nítidamente humano (aunque al mismo tiempo verdadero animal) frente a un relato como el de Cerambo, en el que tan sólo se nos dice que un hombre ha sido convertido en escarabajo, sin que sepamos de él pensamientos, sentimientos y demás, pasemos ahora a considerar los parecidos y diferencias entre ambos relatos en lo que se refiere a un aspecto fundamental: el paso de hombres a animales. ¿Cuál es desde esta perspectiva la diferencia esencial que gravita sobre la estructura de ambos relatos? Evidentemente, la relación entre *culpa* y *castigo*, simbolizadas por medio de las metamorfosis. Es conveniente, pues, ahondar, en primer lugar, en la significación profunda que entraña, en la Mitología y la Literatura, el paso de un ser humano a un ser animal así como sus consecuencias. Fue el filósofo G.W.F. Hegel quien, en sus *Lecciones de Estética*, al considerar el simbolismo consciente (aquel en el que lo espiritual se expresa mediante una clara separación de forma y contenido), y en concreto, al encarar las comparaciones del arte donde se comienza por lo exterior (como es el caso de la fábula, la parábola, el refrán o el apólogo) alumbró de manera magistral el género de las metamorfosis. Las metamorfosis (tal como podemos seguir en los relatos de época clásica, y, especialmente en época helenística y Ovidio) son, precisamente, las formas simbólicas que señalan de manera más clara la separación entre el espíritu y la naturaleza, ya que el paso de hombre a animal contiene la significación profunda de un *castigo* o de una *caída* de existencias espirituales en existencias naturales. En las metamorfosis no se aprecia ya, como entre los egipcios antiguos, lo divino «en la cerrada y misteriosa interioridad de la vida animal»[74], sino que ahora, a partir de la devaluación del reino animal a la que se ha llegado en época de los griegos (seguramente por hallarse éstos ya en un estadio en que los animales han sido dominados y domesticados), los seres sujetos a metamorfosis «pierden la libertad de la vida espiritual y se convierten en una existencia puramente natural»[75]. De esta manera las metamorfosis, en su paso de hombre a animal, contienen frente a la naturaleza (en su aspecto moral) la orientación negativa que lleva a hacer de lo animal y de otras formas inorgánicas una figura de la degradación de lo humano[76]. Esta degradación se debe a una causa: un *crimen*, un *delito*, un *mal paso*, una *desgracia*. A causa de ello, los personajes caen en una *culpa* o *dolor* infinitos y son convertidos en animales. Este hecho sirve entonces para articular el simbolismo reflexivo: Cerambo no es ahora sólo un escarabajo, sino un escarabajo que recuerda en su forma y costumbres el delito de su vida anterior; el laurel, no es sólo un árbol, sino un árbol que recuerda una desgracia, una pena, como fue el triste final de Dafne tras la persecución de Apolo; el florecimiento primaveral del laurel (en griego *daphné*) es, por otra parte, una expresión de belleza que recuerda la bella figura de la muchacha. La metamorfosis de Cerambo obedece al castigo que se sigue de una culpa. En Kafka, una vez más, vemos su reverso: la caída que supone, sin una causa definida, la metamorfosis de Gregor convierte toda la

---

74. Hegel (1836-1838) I, p. 346; cf. p. 315.

75. Hegel, *o.c.* I, p. 346.

76. Cf. Hegel, *o.c.* II, pp. 29–33.

cotidianeidad de su vida en una culpa indefinida. Es éste uno de los temas más esenciales y recurrentes en la obra de Kafka, la relación no recíproca entre culpa y castigo. La palabra alemana *Schuld* -se ha señalado oportunamente[77]- significa al tiempo *culpa* y «pago de la culpa», *cuenta, factura, castigo*. Kafka, quien experimentó en su vida un «infinito sentimiento de culpabilidad»[78], invierte este proceso: describe el castigo, señala el sentimiento de culpa, pero no dice su causa[79]. Por lo demás, en las metamorfosis clásicas son los dioses quienes ejercen el poder en las metamorfosis[80]; en Kafka, el poder que lleva al protagonista a sufrir una metamorfosis culpable y dolorosa es una fuerza misteriosa e innominada, contra la que el protagonista lucha, aunque no pueda liberarse.

Gustav Janouch, el joven amigo y confidente de Kafka, ha dejado un vivo testimonio del particular modo en que el autor de *La Transformación* entendía la degradación que conlleva el paso de hombre a animal. Cuenta en sus *Conversaciones con Kafka* [81] que, en cierta ocasión, le llevó a nuestro

---

77. Por ejemplo, E. Barjau en su introducción a la traducción al catalán de J. Fontcuberta de *La Transformación: La Metamorfosi*, Barcelona 1997, pp. XVI-XVII.

78. Así lo dice expresamente en la *Carta al padre*.

79. La palabra alemana *Schuld* proviene de la raíz indoeuropea *(s)kel–, que significa «cortar», «golpear», «pinchar», y también «hacer escisiones» ; también, «ser culpable»; cf got. *Skulan* (*schuldig sein*). El latín *scalpo, –ere*, y *sculpo*, significan «esculpir», «cincelar» [tal vez el nombre del dueño en el esclavo]. Cf. J. Pokorny, *s.u.* * *(s)kelp* y *skelp(e)–p–* . En el relato de Kafka titulado *En la colonia penitenciaria*, una máquina de castigo graba, sobre la piel del condenado, el nombre del delito.

80. Sobre la relación entre poder y metamorfosis, véase Canetti (1960) II, pp. 333-381.

81. Janouch (1997: 59–61).

autor un libro cuyo tema era el de una mujer convertida en zorra[82], creyendo advertir, en estado de alarma, un plagio de la obra maestra de Kafka, quien entonces le respondió:

No, no, eso no lo ha sacado de mí. Es algo que flota en el ambiente de estos tiempos. Los dos hemos trascrito de nuestra propia época. *El animal nos resulta más próximo que el hombre.* Ahí están las rejas[83]. *El parentesco con el animal nos resulta más fácil que con los seres humanos*[84].

Es evidente que la posición del hombre con respecto a los animales en la obra de Kafka no está idealizada, más bien, difumina el hiato establecido entre ambos. Aunque reconoce que escribir como una moda sobre los animales «es la expresión por la nostalgia por una vida libre y natural», al modo rousseoniano, distingue explícitamente este

---

82. Se trata de la novela *Lady into fox, Dama en zorro* (1923) del autor inglés David Garnett (1892-1981). Según Borges (O.C. IV, Ed. Emecé, p. 264), este relato «importa una total renovación del género fantástico», pero se diferencia de la obra de Kafka en «todo contacto con el clima peculiar de las pesadillas».

83. El artista es, para Kafka, «un pájaro de colores más o menos brillantes encerrado en la jaula de su propia existencia» (...) «Yo soy un pájaro muy impresentable. Soy un grajo, un *kavka*. (...) Desconcertado, voy dando saltitos entre los hombres, que me miran llenos de desconfianza. Al fin y al cabo, soy un pájaro peligroso, un ladrón, un grajo. Aunque sólo en apariencia. En realidad carezco de sensibilidad para los objetos brillantes. Por eso ni siquiera luzco unas relucientes plumas negras. Soy gris como la ceniza. Un grajo que anhela pasar desapercibido entre las piedras. Cf. Janouch, *o.c.*, pp. 51–52. Salmerón traduce «graja». Sobre la diferencia entre «cuervo», «chova», «grajo», etc, véase su introducción, p. 27, n. 29

84. Janouch, *o.c.* pp. 60–61. La cursiva es nuestra. Cf. Salmerón, *o.c.*, pp. 28–30.

hecho del verdadero aspecto que se esconde detrás: «para un hombre –dice– la vida natural es vivir en cuanto ser humano. Pero nadie se da cuenta de ello. Nadie quiere verlo así. La existencia humana es demasiado penosa, por eso se la quiere eludir al menos en el terreno de la imaginación». No se vuelve a la Naturaleza tras la huella de una vida libre y natural, se regresa al mundo animal porque resulta mucho más fácil que la existencia humana. Y en un tono nietzscheniano, añade:

> Bien arropado por el rebaño, el hombre actual desfila por las calles de la ciudad en dirección al trabajo, al pesebre y a la diversión (…) No hay maravillas sino instrucciones de uso, formularios y normativas. A la libertad y a la responsabilidad se les tiene miedo. Por eso el hombre prefiere ahogarse detrás de las rejas que él mismo se ha fabricado.[85]

Una vez reducidas en Kafka las diferencias entre hombres y animales, el paso del uno al otro no resulta vertical, sino horizontal; no subraya tanto el paso a *lo otro*, como el desplazamiento en *lo mismo*. Walter Benjamín lo ha dicho[86] con graciosa elegancia:

> Ser animal no significaba para él [Kafka] sino haber renunciado por una especie de pudor a la figura y a la sabiduría humanas. Igual que un caballero distinguido, que se equivoca de bar, renuncia por pudor a limpiar su vaso.

---

85. Janouch, *o.c.* pp. 61–62.
86. Benjamín (1938: 207–208).

Pero el «más difícil todavía», el «triple salto mortal» de Kafka es el que encontramos en dos breves relatos, el *Un informe para una academia* y *El nuevo abogado*, ambos publicados en 1917, donde las metamorfosis se extienden de animal a ser humano. En el primer caso se trata de un mono que evoluciona rápidamente a hombre. Su proceso de conversión comienza con el uso del lenguaje, según explica en un Informe a una Academia Científica. En él nos cuenta que su nombre es Peter, y que, cuando tenía la condición de simio, fue capturado en Costa de Oro; sus cazadores le asignaron el sobrenombre de El Rojo. Cuenta también que, cuando era transportado en una jaula a la 'civilización', no trataba de encontrar la *libertad*, sino que tan sólo trataba de *buscar una salida* (de dudosa ganancia, como se verá) a la situación nada halagüeña en que se encontraba. Este deseo de encontrar, no la *libertad* (*Freiheit*) sino una *salida* (*Ausweg*), (el caso inverso de Dafne, quien sólo halló una salida mediante la metamorfosis que le otorgaron los dioses al huir, cuando intentaba salvaguardar su libertad), le convierte, culminado el proceso, en otro ser: un hombre que observa con lejanía su anterior vida simiesca. La disyuntiva que se le presenta a Peter es: o morir o sobrevivir, pero en este caso, a costa de transformarse en otro:

La renuncia a toda obstinación fue justamente el mandamiento supremo que me impuse; yo, mono libre, me sometí a ese yugo; [...] Al principio, de haberlo querido los hombres, aún habría podido regresar a través del gran portón que forma el cielo sobre la tierra, pero a medida que mi fustigada evolución progresaba, el portón se volvía cada vez más bajo y más estrecho; me fui sintiendo mejor y más anclado en el mundo de los hombres; el vendaval que desde mi pasado soplaba sobre mí se ha ido calmando; hoy es solo una corriente de aire que me refresca los talones; y ese agujero remoto por el cual ese aire llega y por el que yo mismo llegué un día se ha vuelto tan pequeño que, aunque tuviera la fuerza y la voluntad suficientes para regresar hasta él, me acabaría arrancando la piel del cuerpo al atravesarlo. [87]

Siempre se ha considerado un modo de diversión contemplar a un animal remedando al hombre. En las obras de Luciano y Apuleyo podemos asistir a la exhibición de Lucio, convertido en asno, en un circo. En la novela, los espectadores lo ven como un animal que imita al hombre; el lector como un hombre encerrado en el cuerpo de un animal. Pero, Rafael Sánchez Ferlosio ha sabido ver[88] el aspecto inquietante que se esconde en este tipo de espectáculos en los

---

87. O.C. III, p. 216. Trad. J.J. del Solar B. La imagen del paso ancho o estrecho, según las circunstancias, es muy antigua en la tradición hebrea: En Sem Tob, el judío de Carrión (s.XIV) leemos: «Farían dos amigos/ çinta de un anillo/ en que dos enemigos/ non metrién un dedillo» (Harían dos amigos cinturón de un anillo en que dos enemigos ni un dedo chico meterían» (vv. 249-252, ed. García Calvo). La misma imagen se halla en un poema secular de ibn Gabirol: *La sortija que estuvo en mi mano antes por ceñidor y cinto me sirve ahora*, (Selomo Ibn Gabirol, *Poesía secular*, ed. Elena Romero, Madrid, Alfaguara 1978). El círculo demasiado estrecho como metáfora de lo imposible, se encuentra ya en el Nuevo Testamento: «Más fácil es que un camello pase por el ojo de una aguja que un rico entre en el reino de Dios» (Mt. 19.24, Marcos 10.25 y Lucas 18.25). Quizá pudiera leerse, en vez de *kámelos*, «camello», *kamílos*, «cable, cordaje grueso» (cf. Suidas y escolio a Aristófanes, *Avispas* 1030) confundido en la pronunciación itacista). Podemos entrever a los dos amigos (o enemigos) de los versos de Sem Tob en el desdoblamiento del personaje del simio en *Un Informe para una academia*.

88. Sánchez Ferlosio (1966: 11-46).

que se establece una semejanza entre simios y humanos. Para Ferlosio, el simio es «el *extraño próximo* (…) el testimonio fronterizo estratégicamente situado en el lugar preciso en que la naturaleza puede volvérsenos inquietante y agresiva»; se trata de algo percibido no sólo en la semejanza de forma o conducta, sino refrendado hoy día por el desciframiento del genoma humano (el orangután comparte el 96'4% de sus genes con el hombre; el chimpancé el 98'4%). La sistemática degradación a la que se somete a estas criaturas en el circo o en el espectáculo de variedades (Peter trabaja en un Cabaret) hace que aparezcan como «una especie de humanidad degenerada y caricaturesca»[89]; se pretende con ello exorcizar los inquietantes parecidos por medio de un perverso juego del tipo: cuanto más parecidos, más diferentes. ¿Cómo se consigue? Dice Ferlosio:

> Poniéndola [la naturaleza] en ridículo –visto que se resiste a ser negada–, mediante el expediente de acogerla como una pretensión de identidad, y desplazando arteramente la comparación, del terreno biológico– en que se lo compararía con el hombre como especie animal– al ilegítimo terreno en el que queda contrastado con *un* hombre histórico concreto –precisamente aquel que como «el hombre» se pretende absolutizar–, como un hombre *vestido*, vestido incluso, según la última moda[90].

La ridiculización, en último caso, pretende «escamotear cuanto amenace hacernos caer en la extrañeza». Pero el relato de Kafka da una vuelta a este mecanismo. El lenguaje de Peter, el simio–hombre, es específico y clarividente, y sirve,

---

89. *Ibid.*, p. 31.

90. *Ibid.*, p. 32

sobre todo, para poner de manifiesto la degradada naturaleza humana. Es ahora el hombre el que es puesto en la picota, porque el hombre se somete a la asimilación –pensemos en el judío de la Europa de finales del XIX y principios del XX–; es el hombre el que sigue la conducta del simio, el que renuncia a su libertad a cambio de una salida. Vemos ahora al hombre en el simio que ingresa en la comunidad humana trabajando dócilmente en un Cabaret. El filósofo Gustavo Bueno[91] ha establecido la diferencia entre simios y personas humanas no en razones genéticas, ni en la pretendida racionalidad del hombre con respecto a las bestias, sino en las relaciones que el hombre ha establecido frente a los animales: el poder, la dominación, el control. Al haber establecido en la época moderna los hombres entre sí férreas relaciones de asimilación y dominio (precisamente los elementos que distinguen a personas humanas de animales), al perder su libertad, las diferencias específicas entre el género animal y el género humano quedan reducidas. Kafka consigue en su relato, una vez difuminadas las diferencias entre hombres y simios, que asistamos a la elevación del simio al hombre con un sentimiento de decadencia. Que podamos decir, en un sentido insólito, que «el hombre *desciende* del mono».

El protagonista del relato *El nuevo abogado*[92] es Bucéfalo, el legendario caballo de Alejandro Magno, quien, en una época que se revela como el ocaso de la grandiosidad de la Historia y la Mitología, acude, en forma humana, como nuevo abogado, a su trabajo en la oficina, su nuevo campo de batalla. Pocos reparan allí en su nueva figura; tan sólo un ujier, cuando Bucéfalo «levantando muy alto los muslos subía

---

91. G. Bueno (2006).

92. O.C. III, p. 179. Trad. J.J. del Solar B.

escalón por escalón haciendo resonar el mármol bajo sus pasos». En la oficina, lejos ya de los fastos que le acompañaban en su esplendoroso pasado, sin la grandeza de un jinete que fuera capaz de señalar el camino hacia la India, haciendo de la necesidad virtud, se entrega a aquello que cree le reportará un mayor provecho: enfrascarse en la lectura de los libros de Derecho y de la tradición. Si en el fabuloso mundo de los orígenes míticos el engrandecimiento a través de una metamorfosis estaba reservado a personajes privilegiados como los héroes, que llegaban a ser dioses, o en los albores del siglo XX, tras el darwinismo, el hombre tenía de sí mismo una consideración más noble que la de un ángel caído, pues se consideraba a sí mismo un animal ascendido, en el relato *Un nuevo abogado* puede percibirse, paradójicamente, a través del paso de un animal a un hombre, una sensación contraria: la de degradación y decadencia, el descenso del hombre, inserto ahora en una nueva vida nada heroica, sino, más bien, mediocre y gris, como aquella que sobrelleva el doctor Bucéfalo en su puesto de trabajo. En ambos relatos, en las dos originales historias de metamorfosis de animales que llegan a ser hombres, puede apreciarse el principio de contradicción que encierran, y puede comprobarse de manera esencial una de las sentencias más misteriosas de Heráclito, el sabio de Éfeso: «Camino arriba y camino abajo es uno y el mismo»[93].

Volvamos una vez más a la leyenda de Cerambo. Ésta pertenece a la Mitología. Los relatos de Kafka a lo que llamamos ficción. Antonio Ruiz Elvira distingue mito o leyenda («todo relato de sucesos que son inciertos e incomprobables, pero sobre los cuales existe una tradición que los presenta

---

93. Heráclito, frag. 60, ed. García Calvo.

como realmente acaecidos»[94]) y que como tal son aceptados o rechazados, de ficción («invención libre que equivale a certeza de no ser cierto lo que ella cuenta»)[95]. Una primera diferencia entre los dos relatos reside, pues, en el carácter tradicional de aquella frente al carácter de autor de ésta. Pero mito y ficción comparten incertidumbre, y al mismo tiempo, pretensión de veracidad. Tanto la mitología como la ficción pertenecen, además, frente a la estricta realidad y certidumbre de la Historia, al reino general de la posibilidad, en una escala que va de mayor a menor verosimilitud, de menor a mayor fantasía.

La escritora Carmen Martín Gaite ha acuñado la expresión «brecha en la costumbre» a la hora de describir el concepto «fantástico»:

> …algo que nos sorprende y rompe nuestros esquemas habituales de credibilidad y aceptación, un descubrimiento, a veces banal y fortuito, pero que provoca –y eso es lo importante- un nuevo punto de vista, un impulso sin control, una perplejidad, algo, en fin, que llama nuestra atención con guiños inhabituales, invitándola a salir de su letargo; algo que transforma nuestra percepción del mundo –como si se miraran las cosas por su revés- y que exige una interpretación[96].

Buscando la definición más estricta, Tzvetan Todorov, en su *Introduction à la littérature fantastique*, considera la duda como la piedra de toque del género: «Lo fantástico –

---

94. Ruiz de Elvira (1975:7).

95. *Ibid.*, p. 11.

96. Carmen Martín Gaite, «Brechas en la costumbre», Diario 16, 17-XI-1990.

dice– es la duda (*hesitatión*) experimentada por un ser que no conoce más que las leyes naturales cuando se enfrenta con un suceso de apariencia sobrenatural». Pero Todorov define otros subgéneros: lo *extraño*, si el fenómeno extraordinario o sobrenatural se explica por una ilusión de los sentidos o como un producto de la imaginación, y lo *maravilloso*, si el fenómeno se mantiene como verdadero, como parte de la realidad, pero explicado por leyes sobrenaturales o desconocidas[97]. Los relatos de Cerambo, de Apuleyo o de Kafka se insertarían en esta última categoría: En el primer caso son los dioses quienes operan el prodigio. En el segundo se habla de «la fuerza misteriosa de los seres sobrenaturales»[98]. Las metamorfosis en la obra de Kafka, en fin, se realizan «merced a una fuerza ultraterrena y sobrehumana»[99] que no se especifica ni se comprende. Se trata de una fuerza que «transforma al ser humano tan recónditamente que la norma de vida acostumbrada ya no puede ofrecer una seguridad»[100]. Ahí es donde el hombre, caído en la metamorfosis de lo extraño, queda expuesto a un extremo sufrimiento, que con frecuencia es la antesala de la muerte[101]. En *La Transformación* se descarta expresamente lo extraño («no era un sueño, no...» dice el narrador al principio de la metamorfosis). Pero, en el curso del relato, a diferencia de los relatos en que lo maravilloso va calando poco a poco sobre la esfera de lo real en el relato, Kafka, una vez más da la

---

97. Todorov (1970:46 ss)

98. Apuleyo, I, 10.

99. Cf. Falk (1961:138)

100. *Ibid.*

101. *Ibid.*, pp. 127-141.

vuelta al proceso: Parte del hecho maravilloso (la conversión en escarabajo) para ser tratado cada vez de un modo más natural, llegando incluso al extremo realismo[102]. Jordi Llovet lo dice con palabras certeras:

En este relato, todo parece estar pensado de tal modo que lo extraño, lo sobrenatural o lo fantástico se halle como quien dice en la periferia de la narración, en un exterior caliginoso e inconcreto que arremeterá, eso sí, contra los hábitos decodificadores de los lectores, en general poco acostumbrados –salvo que sean asiduos lectores de Kafka- a no poder discernir con nitidez la línea que separa entre sí lo real, lo verosímil y lo fantástico.[103]

---

102. Cf. Todorov, *o.c.*pp. 177-184.

103. OC.III, p. 1003.

BIBLIOGRAFIA

Antonino Liberal (2003) *Metamorfosis*, Introducción, traducción, notas y comentarios de José Ramón del Canto Nieto, Madrid.

Apuleyo Lucio, (2003), *Las Metamorfosis* o *El Asno de Oro*, Introducción, texto, traducción y notas de Juan Martos, Madrid, 2 vol. CSIC.

Apuleyo Lucio, *El asno de oro* (1978), Introducción, traducción y notas de Lisardo Rubio, Madrid (3ª reimp.1995)

Benjamin, W. (1938). «Dos iluminaciones sobre Kafka», en *Iluminaciones* I, pp. 197-221, 1971, Madrid, trad. J. Aguirre.

Bonnefoy, Y. (ed) (1996) [1981]. *Diccionario de las mitologías* (vol. II), trad. J. Pòrtulas y M. Solana, Barcelona.

Bousoño, C., *Teoría de la expresión poética*, Vol. I, 1976; Vol. II, 1985, Madrid.

Brunel, P. (1974). *Le mythe de la Métamorphose*, París, ed. Armand Colin.

Bueno, G. «Por qué es absurdo «otorgar» a los simios la consideración de sujetos de derecho». *El Catoblepas* 51, (2006) www. nodulo. org/ec/2006/n051.htm

Canetti, E. *Masa y poder* (1983)[1960], trad. H. Vogel, 2 vols, Madrid.

Canetti, E. *El otro proceso de Kafka* (1982) [1968], en *La conciencia de las palabras* (pp.100- 215), trad. J.J. del Solar B, México.

Falk, W. (1963), *Impresionismo y expresionismo. Dolor y transformación en Rilke, Kafka, Trakl*, Salzburgo, trad. M. Bueno, Madrid.

Forbes Irving, P. M. C, (1992), *Metamorphosis in Greek Myths*, Oxford, Claredon Press.

Frécaut, J. M. «Un thème particulier dans les *Métamorphoses* d'Ovide: le personnage mé*tamorphosé gardant la conscience de soi (Mens antiqua manet: II, 485)»*, *Journées Ovidiennes de Parménie, Latomus vol. 189* (1985), pp. 115-143.

Gil, L. (1959), *Nombres de insectos en griego antiguo*, Madrid, CSIC.

Gow, A. S. F. y Scholfield, A. F. (1953). *Nicander. The poems and poetical fragments, Cambridge.*

Hegel, G. W. F. (2007) [1836-1838] *Lecciones de Estética*, trad. R. Gabás, 2 vols, Barcelona.

Janouch G. (1968) [1997], *Conversaciones con Kafka*, trad. Rosa Sala, Barcelona.

Kafka Franz. *Obras completas*, ed. J. LLovet, 1999-2003, varios volúmenes, Barcelona.

Llovet, J. (1990). *Franz Kafka. Bestiario,* Barcelona.

Luciano (1988) *Lucio o el asno,* en *Obras*, trad. J.L. Navarro, Madrid.

Martín Gaite, C. «Brechas en la costumbre», Diario 16, 17-XI-1990.

Nabokov, V. (1986), "Comentario sobre La Metamorfosis"», en *Franz Kafka. La Metamorfosis* (pp.105-144), Barcelona.

Ovidio, *Metamorfosis*, edición y traducción de A. Ruiz de Elvira, 1964, CSIC Madrid.

Papathomopoulos, M. (1968). *Antoninus Liberalis. Les Métamorphoses,* edición y traducción al francés, París, Les belles lettres.

Pokorny, J. (1959) *Indogermanisches etimologisches Wörterbuch, I,* Berna.

Ruiz de Elvira, A. [1982] (1984). *Mitología clásica*, Madrid.

Salmerón, M. (1999). *Franz Kafka. La metamorfosis y otros relatos de animales*, introducción y traducción, Madrid.

Sánchez Ferlosio, R. (1972). Prólogo a *Las aventuras de Pinocho*, Madrid.

Sánchez Ferlosio, R. (1992 [1966], «Personas y animales en una fiesta de bautizo» en *Ensayos y Artículos*, I, pp. 11-46, Barcelona .

Todorov, T. (1970), *Introduction à la littérature fantastique*, París.

LA CONTEMPLACIÓN DE LAS ESTRELLAS COMO FUENTE DE LA MITOLOGÍA ASTRAL Y DE LA CIENCIA (A PROPÓSITO DE LOS CATASTERISMOS DE ERATÓTENES)

La traducción, *Eratóstenes. Catasterismos* (1992, Madrid, *Ediciones Clásicas*) partió de mi tesis doctoral, titulada *Estudios sobre mitógrafos griegos menores,* dirigida por el Profesor Dr. Alfonso Martínez Díez y defendida en el año 1989 en la Universidad Complutense de Madrid. En esta tesis se estudiaban principalmente dos autores, Antonino Liberal y Eratóstenes, ambos casualmente relacionados por un apasionante *leitmotiv*: la metamorfosis como elemento esencial de sus leyendas. De esta traducción, ya lejana y superada por otras muchas, poco tengo que decir. Quizá solamente señalar que el carácter híbrido de la obra con elementos astronómico-mitográficos superpuestos en el *Epítome* conservado de Eratóstenes, así como las referencias a distintos tipos de imágenes (unas que parecían describir las constelaciones, otras que parecían referirse a algún tipo de ilustración), y sobre todo, su enredada transmisión textual, me provocaban a veces la sensación de ir transitando por una especie de *selva selvaggia*. Intenté desbrozar esta maraña por medio de la traducción, notas aclaratorias y una introducción. Es de justicia señalar que, a partir de la edición de Jordi Pàmias

(2004), edición que podemos calificar como canónica, han quedado abiertos muchos campos (astronómicos, mitológicos, históricos, y sobre todo, de crítica textual) para el estudio y comprensión de esta obra. Por mi parte, he seguido dando vueltas a algo que quedó esbozado en la introducción de mi versión, el que podríamos llamar "aspecto cognitivo" de los catasterismos, y el lugar preciso de este tipo de relatos entre el mito y la ciencia, aspectos que ahora me gustaría ampliar. Intentaré pues, tras un rodeo, responder en un solo texto a algunas de las preguntas aquí planteadas, especialmente las referentes al carácter científico, mítico o poético de los *Catasterismos* de Eratóstenes, y también las que se refieren al tipo de lector al que estaría destinada la obra.

Hoy día, cuando el hombre se enfrenta al cielo estrellado, prevalecen generalmente dos actitudes: el propósito de conquistar su conocimiento científico, mediante la Astronomía y la Astrofísica, y la creencia de la intervención de los astros en el acontecer humano, que es lo que pretende la Astrología. Ambos afanes por conocer las estrellas, sin embargo, no dejan contemplar limpiamente el cielo, siendo éste la fuente de la que luego emanarán la Astronomía y esa pretensión científica (tan sólo pretensión) que más tarde, de una manera más específica, recibirá el nombre de Astrología[1]. No era así, sin embargo, en la Antigüedad clásica, época en la que hubo mucho mayor interés por la contemplación pura, hasta el punto de que llegó a ser un tópico literario el hecho de que se considerara una característica suprema de la naturaleza humana, a diferencia de los animales, el poder contemplar el cielo[2]. A partir de la observación, identificación y configura-

---

1. (Pérez Jiménez, 1994).

2. Recordemos los versos de Ovidio (*Met.* 1. 84-86): *Pronaque cum spectent*

ción de estrellas en constelaciones, la imaginación humana hizo posible además que se desarrollaran bellas leyendas.[3]

Franz Boll y Wilhelm Gundel[4], grandes eruditos alemanes de principios del siglo XX, incluyen bajo el concepto de "Mitos de estrellas" o "Mitología astral" tanto los *Sternmythen*, "Mitos de estrellas" propiamente dichos, como los *Gestirnmyten* o "Mitos de constelaciones", entre los que pueden incluirse los que dan nombre a la obra de Eratóstenes. Desde el punto de vista mitológico, es clásica la definición de Antonio Ruiz de Elvira:

> [Catasterismo es] la conversión en constelación de un personaje o ser mitológico [y también] la constelación misma que así resulta, y que por su nombre, forma y cualidades se admitía que seguía siendo el mismo personaje o ser en cuestión, transformado en astro, pero conservando de algún modo, más aún que en las metamorfosis ordinarias, su antigua personalidad o individualidad peculiar[5].

---

animalia cetera terram, / os homini sublime dedit caelumque uidere / iussit et erectos ad sidera tollere uultus: "Y mientras los demás animales están naturalmente inclinados mirando a la tierra, dio al hombre un rostro levantado disponiendo que mirase al cielo y que llevase el semblante erguido hacia las estrellas". Trad. Ruiz de Elvira. *El Tesoro de la Lengua* de Covarrubias (1611, *s. u.* Estrella) por su parte, señala algo curioso: "Estrellera" es "la bestia que levanta mucho la cabeza, que parece mirar a las estrellas".

3. Porque, como ha dicho en lenguaje poético, Celso Emilio Fereiro: "Los caminos de las estrellas" pueden también recorrerse "con los ojos encendidos/ en la tibia embriaguez de las fábulas" (en su poema "Oración polos parvos" [Oración por los tontos] de su obra *O soño sulagado, El sueño sumergido*, 1955.

4. Boll y Gundel (1934-1937, col. 1058-1109).

5. Ruiz de Elvira ([1982] 1984, 470).

Boll y Gundel piensan así mismo que, al igual que se hace con las imágenes en general, deben distinguirse las "Leyendas naturales" (*natürlichen Sternsagen*) de las "Leyendas artificiales" (*künstlichen Sternsagen*). Los catasterismos participarían de uno y otro grupo. Las primeras son las que se imponen por sí mismas a partir de la simple observación del cielo, las que pueden leerse directamente en el firmamento. Por ejemplo: la vigilancia de la Osa Mayor o la huída de las Pléyades (el abigarrado racimo de estrellas perteneciente a la constelación de El Toro, que representan a siete doncellas en la leyenda) así como la imagen del propio Toro, que se retira embistiendo con sus astas, de Orión, un impetuoso cazador gigante, representado en el cielo por un grupo de estrellas muy visible. Cuando Orión desaparece del cielo se elevan El León y La Osa[6]. La observación de que Orión se oculta en el cielo acompasado con el orto de El Escorpión, otra gran constelación, pudo contribuir así mismo a la creación del motivo, según el cual, el cazador fue muerto por tal animal, y ambos fueron llevados al cielo. Este mito se repite ahora eternamente en la bóveda estrellada. También pertenecería a los mitos de estrellas naturales la perpetua persecución del Can Mayor (constelación en la que sobresale una estrella muy brillante -Sirio- que sigue fielmente en sus movimientos los pasos de su amo Orión) sobre la débil constelación de la Liebre. Este tipo de mitos comparten elementos comunes en distintas culturas[7] y siguen normalmente un mismo esquema: Un héroe y su adversario (en muchos casos una fiera) que antes vivían sobre la tierra son llevados al cielo

6. (Webb [1957] 1982, 110).

7. (Allen [1899] 1963).

por un poder superior (la mayoría de las veces, dioses) y allí permanecen junto a las estrellas a las que dan sus nombres ejecutando siempre una caza celestial. También habría sido leída en el cielo la leyenda de Mérope, la séptima Pléyade, una estrella menos brillante que las seis restantes de su grupo, y en el mito, la única hermana que se casó con un mortal. Las leyendas llamadas artificiales, por el contrario, son las que, inspiradas en la tierra, son llevadas después al cielo una vez que se ha entrevisto en éste una imagen que acaba asociándose con sus protagonistas. Quizá el ejemplo más completo, en este sentido, sea el conocido como Grupo de Cefeo, compuesto por las constelaciones llamadas Cefeo, Casiopea, Perseo, Andrómeda y el Monstruo marino[8] figuras pertenecientes a una misma leyenda. La primera constelación fue conocida entre los árabes, a partir de su parecido elemental con una figura humana, como "El Rey", Casiopea como "La dama sentada", Andrómeda como "La doncella encadenada" y Perseo, como "El que lleva la cabeza del demonio" (seguramente por el enjambre de estrellas que evoca a Medusa, una pequeña constelación cercana a Perseo). En este proceso acabó atribuyéndose a los nombres comunes de estas imágenes, los propios de la leyenda.

Es menester suponer, para el entendimiento complejo de este proceso, en primer lugar, que la experiencia significativa más importante del hombre que contempla el cielo consiste en la impresión de algo sublime. Su majestuosidad supone para él un arrebato, porque el cielo -ha dicho Mircea Elíade[9]- revela *en sí mismo* su *sacralidad*, y su mera contemplación es,

---

8. No hay una noción clara en la Antigüedad acerca de la forma de un "Monstruo marino". Véase sobre este tema Zucker ([1997] (2008, 31-66).

9. Elíade ([1964] 1974, 65-68).

en primer lugar, una experiencia de lo sagrado. Siguiendo los pasos de Rudolf Otto, quien denominó a la realidad sobrenatural, a la realidad radicalmente distinta del hombre, *lo numinoso*, afirma Eliade: "La bóveda celeste es por experiencia *lo otro* [*Ganz Anderes*], frente a lo poco que el hombre y su espacio vital representan"[10]. El cielo -sigue el autor rumano- "simboliza la trascendencia, la fuerza, la inmutabilidad, por su simple existencia. Existe, porque es elevado, infinito, inmutable, poderoso"[11]. Ante el espectáculo sobrecogedor de infinitas luminarias que muestra el cielo, el hombre ha experimentado un profundo "sentimiento de criatura"[12], y también ha sentido una mezcla de fascinación y miedo, porque lo *numinoso* se manifiesta de manera ambivalente: como *mysterium tremendum*[13] y como *mysterium fascinans*[14]: Aparece como lo temido y lo deseado; como lo lejano y lo cercano; se muestra como lo digno de confianza y protector, y al mismo tiempo, como lo temeroso y sobrecogedor. Todas estas experiencias han quedado plasmadas a lo largo de la historia en obras de artistas, poetas y místicos[15], y son muchas, como se verá, las consecuencias que se desprenden de la primigenia dimensión sagrada del cielo. La sacralidad del cielo perdurará a lo largo del tiempo e impregnará de distintas maneras mitos, manifestaciones religiosas, y, en

---

10. Elíade ([1964] 1974, 66).

11. Elíade ([1964] 1974, 66).

12. No en el sentido de "creado", sino en el de "insignificante" ante "lo completamente otro". Cf. (Otto [1917] 1980, 19).

13. (Otto [1917] 1980, 22-37).

14. (Otto [1917] 1980, 51-56).

15. (Boitani, 2012).

último término, la aparición de avances científicos. Lo que el hombre ha intentado desde la noche de los tiempos no ha sido otra cosa que fragmentar el cielo, percibido primero como un todo sagrado[16], para conocerlo mejor, tanto para mitigar así el miedo que le embarga, como para apropiarse de aquello que le fascina. Intenta descifrar -dicho en palabras de Unamuno en su poema *Aldebarán*- "los celestes jeroglíficos/ en que el enigma universal se encierra". Es conveniente en este punto recordar la etimología de "contemplación", que no significa otra cosa que "observar el cielo", es decir, "formar un *templum*" (de la raíz *tem-, "cortar", "delimitar"), un espacio prevalente a partir de un todo[17]. Pero, antes de que la fantasía humana leyera en el cielo bellas leyendas, antes de que los científicos alcanzaran el conocimiento astronómico y antes de que los hombres se entregaran a la especulación astrológica, hubieron de darse importantes pasos para la diferenciación y el conocimiento de los cuerpos celestes. En primer lugar, los hombres debieron otorgar un nombre a las estrellas y agruparlas en figuras, esto es, en constelaciones, por razones de diferenciación y conocimiento. ¿Podemos

---

16. Que la primera impresión del cielo estrellado era entendida como un todo, puede rastrearse en el léxico latino: La palabra *sidus*, sin correspondencia en otras lenguas, procede de la raíz *seguid, que significa "brillar". Se refiere –dice André Le Boeuffle- (1977, 14) a "cosas brillantes" [del cielo] antes de aplicarse a grupos determinados. Es muy posible que el plural *sidera* sea anterior al singular, y en un primer momento, predominante (1977, 20). La palabra *sidera* designaría los "astros brillantes", y de ahí, "el cielo en su conjunto": "los astros nocturnos", y, en fin, "las constelaciones y cuerpos celestes". Sobre la no- separación, de una "representación global" y sus elementos en la imaginación mitológica -llamada "polisintética"-, véase Cassirer ([1964] (1972 a), 72).

17. Cassirer ([1964] (1972) 137)..

saber con certeza cuándo y dónde se distinguieron por vez primera mediante un nombre las estrellas y sus configuraciones? Ciertamente, no, y cualquier respuesta a esta pregunta ha de ser necesariamente una respuesta indirecta, emanada principalmente de la especulación y de la inducción[18]. Lo que sí parece claro es que el intento de diferenciación y conocimiento del cielo se opera, como veremos, en primer lugar, a través del lenguaje. De esta manera lo dice el autor alemán del s. XVIII Jean Paul:

18. Algunos autores retrotraen la fecha de la distinción de las estrellas hasta el paleolítico, a partir de testimonios como son las representaciones de las siete estrellas de la Osa Mayor sobre caparazones de erizos fósiles o rocas. Véase (Le Boeuffle 1985 b, 15). Otros, al principio del Neolítico, hace unos 10000 años, según deducen de algunas figuras del primitivo arte de las cavernas que incluyen símbolos construidos por líneas y puntos, signos que han sido considerados representaciones de estrellas y constelaciones. Entre el 6000 y el 5000 a.C. se han fechado así mismo los primeros "animales rotatorios", figuras que simulan, al ser movidas en forma circular, el mismo efecto móvil que se puede contemplar en las constelaciones del cielo en la noche. Las figuras giran alrededor del polo como un carrusel. Pueden apreciarse en ollas y tazones, recipientes muy útiles a la hora de representar tales imágenes (Cf. Heródoto, 1. 70; Aristóteles, *Met.* 1073 b 20). En el ámbito mesopotámico, donde la esfera babilónica estaba ya establecida en el siglo XII a.C, se conservan algunas listas, como el compendio mulAPIN (la más completa de ellas escrita hacia el 700 a.C.) de cuya lectura se sugiere el conocimiento de constelaciones entre el 3000 y el 2500 a.C., seguramente obra de la civilización sumeria. En los techos de algunos sarcófagos del Egipto antiguo que datan de 1500 a C., se hallan también pintadas algunas constelaciones, y en algunas estelas babilónicas –las llamadas *kudurru*-, se encuentran figuras grabadas que representan distintas constelaciones (El Pez, La Virgen) así como figuras híbridas (Capricornio, Sagitario, etc.). Estas últimas datan del siglo XIV a. C. Véase Cumont, *in* Daremberg ([1877 ss.] (1969), 1046). En lo que se refiere a Grecia, véase el final de este artículo.

Me parece que así como los animales van a la deriva a través del mundo externo, semejante para ellos a un mar ondulante y oscuro, también el hombre se sentiría perdido entre la enceguecedora vastedad de las percepciones externas, si no lograra dividir tan deslumbrante brillantez en constelaciones estelares, gracias a los buenos oficios del lenguaje, pudiendo de este modo comprender ese gran conjunto por partes asequibles para su conciencia[19].

Al principio, la palabra.

Edmund. J. Webb, autor inglés conocedor de los clásicos griegos y un atento y amante observador de las estrellas, renuncia a saber *cuándo* y *dónde* se les pusieron sus nombres; porque no existe -dice- la respuesta, pero cree posible mostrar las razones *por las que* se les otorgaron. Fue un nombre sin duda lo primero que el hombre asignó a las estrellas por razón de su distinción, y esta designación celeste, como todo proceso cognitivo, pretendía describir el objeto actualizando sus caracteres objetivos (formas, funciones, relaciones, cualidades, etc.) [20]. Para este autor, el proceso de denominación de las estrellas responde, en la mayoría de los casos, a algún aspecto descriptivo: Las estrellas más sobresalientes por sus cualidades de luminosidad, localización o movimiento recibieron nombres que describían su apariencia[21]. En algunos casos (podría decirse que la mayoría) el parecido de

19. Citado por (Cassirer, 1973, 89).

20. Webb ([1957] 1982, 40).

21. Webb ([1957] 1982, 51).

la forma de la constelación y los objetos que nombra resulta muy evidente (p. e. la Corona boreal, el Triángulo, la Flecha, el Altar, el Escorpión, el Cisne (antes del mito identificado este último simplemente con el esquema de un ave en pleno vuelo y después considerado un cisne por la proximidad de la constelación Lira), etc. No obstante, cuando una constelación lleva el nombre de su estrella más sobresaliente, ésta -afirma- es la denominación más antigua, completada después, por lo general, con otras estrellas cercanas más o menos brillantes hasta acabar completando una figura inteligible. Un nombre puede dar cuenta también de aspectos metafóricos o metonímicos, y al tiempo combinarse con los de la configuración de la constelación conforme a un parecido. Así, en un viejo cuento australiano[22], una tribu llama al círculo de estrellas que en nuestro ámbito del hemisferio norte llamamos Corona boreal, el Nido de Águilas, por la semejanza de su forma ovalada, pero también porque, cuando la constelación se acerca a su culminación, surgen de súbito al unísono dos estrellas distantes entre sí -las llamadas Águilas (que nosotros denominamos Altair y Vega)- que, después de su ausencia, vuelven al nido para velar por la seguridad de sus retoños. Podrían haber sido consideradas águilas porque vuelan a una constelación con forma de nido, pero también considerarse a éste un nido (y no un plato o un *boomerang*, como en otras culturas) porque el movimiento de las dos brillantes estrellas sugieren el vuelo de dos águilas. Siguiéndose un proceso parecido se ha llegado a la constelación conocida como El Río por la sinuosa disposición de sus estrellas, que recuerdan sus meandros, sin olvidar tampoco que el centelleo de estas luminarias pueden evocar los destellos de luz sobre

---

22. (Webb [1957] 1982, 47-48), ejemplo tomado del libro de (Bleek, 1873).

su corriente. Otro tanto puede decirse del chorro de estrellas que vierte Acuario, que pudo haber sido así considerado por la imagen que ofrece, pero también por su contigüidad con un grupo en el que predomina una estrella muy brillante, conocida desde antiguo como El Pez. Pero, una disposición similar puede llevar también a la concepción de una serpiente[23], como ocurre con la constelación de El Dragón. Podemos preguntarnos, ¿por qué una serpiente y no un río? Quizá porque, en este caso, algunas de sus estrellas más brillantes han podido evocar una cabeza de ofidio[24]. De esta manera -brillante, luminosa- debían percibirse los ojos de las serpientes, hecho que pudo sin duda haber contribuido a que se hayan identificado estas figuras ondulantes con dos serpientes[25]. Una vez establecida ésta imagen podría explicarse la vecina constelación de El Arrodillado (así conocida por Arato (vv. 63-70), y después considerada Heracles) a partir de una marcada curva de estrellas visibles sobre la mandíbula de El Dragón, y el mismo proceso podemos observar en Ofiuco, la constelación que, como su nombre indica, combina la figura de un hombre con una serpiente que éste mismo sujeta. La constelación conocida como Osa Mayor resulta, por su parte, un ejemplo muy esclarecedor de

---

23. Arato (*Fen. v.* 46) compara explícitamente al dragón con una serpiente que culebrea de una manera muy retorcida alrededor del polo, como la corriente de un río.

24. (Webb [1957] 1982, 78-79).

25. (McBeath, 1998). No hay que olvidar que la raíz indoeuropea *derk, de donde deriva la palabra griega *drákon* significa 'ver' en un sentido específico. En efecto, *dérkesthai* designa en Homero más que la función del ojo, el brillo que otra persona percibe en el ojo ajeno; El verbo significa en rigor "posar la mirada sobre algo de manera determinada". Cf. "El concepto del hombre en Homero", de (Snell, 2007, 20 ss.).

la variedad de motivos cognitivos que pueden superponerse y combinarse cuando se le da nombre a una constelación. Es muy visible, y sin duda la mejor conocida desde tiempos muy remotos, tanto por su posición cercana al Polo, como por el hecho de ser circumpolar, circunstancia que la hace siempre visible en nuestro hemisferio sobre la línea del horizonte. Esta figura ha sido concebida de muy diversas maneras en culturas distintas, tanto por su imagen en conjunto, como por sus estrellas individuales, o, en fin, por su movimiento. Puede observarse como una figura rectangular que delimitan cuatro estrellas luminosas unidas a otras tres que forman una especie de apéndice ligeramente curvo, si bien, a partir de este esquema básico, la figura fue creciendo con el paso del tiempo sumándosele más estrellas en su configuración. Desde tiempos muy remotos se ha considerado como la imagen de un oso[26]. Se ha señalado la dificultad de entrever en su simple esquema tal animal, ya se presuponga una figura con un cuello demasiado largo, ya como una figura con una cola demasiado larga, dado que un oso tiene tanto el uno como la otra, cortos. Quizá la explicación de su configuración haya que buscarla a partir de una mixtura: de una parte, la representación esquemática de una osa en el rectángulo, y por otra, la de las tres estrellas del apéndice como tres oseznos que van en pos de la madre. Y en efecto, en védico, la denominación de la constelación es

---

26. En Grecia y Roma designadas con el epiceno *árktos* y *ursus*, respectivamente, nombres que proceden de la raíz *Ṛtk-o*. Esta denominación fue sin duda conocida en el ámbito indoeuropeo, entre cuyos pueblos el oso fue considerado sagrado, incluso totémico. Así se desprende del hecho de que para su denominación se utilizara frecuentemente perífrasis del tipo "el comedor de miel" o "el de color pardo o castaño" (Villar, 1991, 43-44).

masculino plural: ṛksah, "Los Osos"[27]. Homero, al hablar de la fabricación del escudo de Aquiles por parte de Hefesto, hace referencia a "... la Osa, que también denominan con el sobrenombre (*epíklesis*) de Carro / que gira allí mismo y acecha a Orión"[28], y, en efecto, desde muy antiguo esta constelación ha sido considerada también como un carro (la delimitación del rectángulo serían las cuatro ruedas y las tres del apéndice el tiro). El nombre de Carro, *hámaxa*, era la denominación más antigua, según Higinio[29]. Para Arato (v.27), la razón

---

27. (Scherer, 1953, 132). En cualquier caso, resulta asombrosa la comparación que puede establecerse con la concepción del pueblo de los iroqueses, quienes consideraban al cuadrilátero como una osa perseguida por tres cazadores (o un cazador con dos perros) según una leyenda: Un grupo de cazadores descubrieron las huellas de un oso gigantesco. Poco después constataron que los animales desaparecían del entorno, con lo cual, la carestía llegó a sus habitantes, que se dispusieron entonces a matar al causante. Una vez localizado el oso, se convirtió en el blanco de muchas flechas, pero ninguna llegó a herirlo; parecía invulnerable. Además, mató a muchos guerreros. Sólo dos se salvaron e informaron a la tribu. Hicieron una segunda expedición; pero la situación se repitió. Una noche, tres hermanos tuvieron cada uno un extraño sueño: soñaban que seguían el rastro del gran Oso y lo mataban. Siguiendo sus huellas fueron en pos de la bestia hasta el Fin del Mundo, donde vieron cómo la bestia saltaba al cielo. También ellos dieron un salto más allá de las nubes. Y allí pueden verse. El oso, herido, teñía con su sangre las hojas en la tierra, pero siempre seguía vivo. A veces se hacía invisible, desaparecía para volver a aparecer en el contorno del oso convertido en estrellas, y detrás, siempre, los tres cazadores. La caza aún continúa (Cf. *Cuentos de los indios iroqueses,* Madrid 1988, redactados por Tehanetorens). Esta imagen puede encontrarse igualmente en algunos pueblos siberianos, hecho que sugiere un contacto antiguo a través del Estrecho de Bering. Cf. (Allen [1899] 1963, 423).

28. *Il.* 18. 487-478; cf. *Od.* 5. 273-276.

29. *Astr.* 2. 2. *Hámaxa* alude en su origen más a una imagen colectiva que individual. Denomina al "conjunto de los ejes, extendiéndose [después] la palabra al carro entero" (Adrados, 1949, 147).

de la denominación (tanto de la Mayor como de la Menor) como *hámaxai*, se debería a otro hecho: a que ambas giren a la vez -*háma trochoosi*- en torno al Polo[30]. También desde muy antiguo la imaginación popular comparó las siete estrellas que se arrastran en torno al Polo con siete bueyes que dan vueltas en círculo en torno a una figurada área de trilla. Por ello recibió el nombre de *Septem Triones*, " [Los] siete [bueyes] aradores" en forma de carro[31], etc.

El lenguaje no es lo que asigna nombres a objetos ya formados, sino más bien el modo indispensable en la formación de éstos: Podemos hablar de una corona o de un plato cuando nombramos (apalabramos) a un objeto de forma más o menos circular bajo esta denominación, cuando le damos este nombre. El cielo abarrotado de estrellas empezó a delimitarse cuando los hombres les otorgaron nombres y designaron figuras, un hecho que podríamos bautizar como "colonización del cielo". Ahora bien, estas figuras y nombres no son distintos de los terrestres. Es importante reparar en este hecho: los nombres y figuras del cielo son *copias* de los nombres y figuras que podemos hallar en la Tierra que el hombre ha podido entrever, de una manera asociada, en el cielo. De ello se desprende una hipótesis muy importante en lo que respecta a la creación de leyendas astrales: Si se aprecia en el cielo, incluso por razones que se nos escapan, una corona o un oso, están puestos los cimientos para identificar ese oso o esa corona con un oso y una corona terrestres. Los

---

30. El juego etimológico estriba en la palabra *háma*, "a la vez" y *áxon*, "eje". Desde el principio de la época imperial recibió en Roma también los nombres de *plaustrum, arcera, currus, serracum*. También los de *iugum y temo* (término éste para referirse a las estrellas del "timón", principalmente). Cf. (Le Boeuffle, 1977, 85-86).

31. (Le Boeuffle, 1977, 80).

catasterismos implican un *desdoblamiento, una imagen*[32], y en este hecho podemos situar el núcleo esencial de este tipo de leyendas: Tienen su origen en un objeto terrestre al que acaba considerándose causa de un nombre o figura celeste. Las palabras que designan a las constelaciones guardan en sí mismas un carácter fundacional, y por ello, mítico.

Hay un antiguo escolio muy ilustrador de las razones por las que, en buena lógica, se otorgaron nombres a las constelaciones. Dice:

> ...Así recibe[n] el nombre por la semejanza (*homoíosis*) con la constelación, como El Escorpión, o por su efecto (*páthos*), como El Can (pues dicen que en el orto del Can los perros terrestres se vuelven rabiosos contra la gente), o por motivos míticos (*mythykós*), como cuando Calisto fue transformada en Osa, o como un motivo de honor (*timén*), como en el caso de los Gemelos Dióscuros, o, en fin, por motivo de distinción y conocimiento didáctico, como ocurre en la mayoría de las figuras del Zodiaco[33].

En cuanto a su frecuencia, estas causas pueden considerarse (así lo hace Webb) de manera descendente: La mayoría de los nombres fueron tomados por el parecido

---

32. Este hecho es a veces señalado de manera explícita, por ejemplo en los *Catasterismos* de Eratóstenes, cuando se habla de *éidolon, mímema* o *týpos* de un ser mitológico puesto en el cielo (Cf. *Cat.* 2, 4, 14, 25, 26, 35, 41). Es muy oportuna y útil, por otra parte, la distinción que hace Zucker (2008, 35) entre la configuración de un asterismo (*schéma correspondent à la mise en réseau d'etoiles par des lignes*), la figura de una constelación (*le personnage représenté*) y el icono (*le dessin précis, avec une posture, une gestuelle et d'eventuels attributs*).

33. (Martin, 1974, 75) edición. Prácticamente el mismo, p.76.

encontrado en las estrellas con seres de la Tierra, como la luminosa Corona del cielo boreal o El Escorpión. También por su evocación metafórica, como en el caso de las dos estrellas brillantes y de semejante magnitud que ofrecen Los Gemelos. Hay otro tipo de explicación menos frecuente, de carácter metonímico, según la cual, los nombres de las estrella o constelaciones se toman a partir de una *causa celeste* que ejerce *un efecto terrestre*, como cuando se explica que el orto de la constelación de El Can recibe su nombre por el efecto que causa sobre los perros, o cuando, para dar cuenta del nombre de Las Pléyades, se relacionó este abigarrado grupo de estrellas con el verbo *plein*, "navegar", al entenderse que la aparición de esta constelación señalaba la estación apropiada para hacerse a la mar. De manera semejante, Acuario recibiría su nombre, además de por su figura, por las lluvias que menudean durante la aparición de este signo zodiacal. Los nombres que derivan de estas tentativas explicativas, sin embargo, parecen posteriores a las designaciones que daban cuenta, sencillamente, de las cualidades y figuras de los astros[34]. En efecto, por su alusión a algún aspecto utilitario o didáctico de los astros, y por el requisito de un conocimiento bastante preciso de éstos, las denominaciones metonímicas siguen en el tiempo a las sencillas designaciones metafóricas o simbólicas. Las explicaciones de tipo metonímico, por lo demás, fueron usuales para los nombres del Zodiaco en el ejercicio de la astrología.

Se conoce con el nombre de Zodiaco al camino que recorre el Sol en su curso anual aparente. Para su reconocimiento, los observadores se valieron de las figuras cuajadas de estrellas que en él podían entreverse. Su propio nombre

---

34. (Le Boeuffle, 1975, 79).

(el diminutivo *zoidíon*, "figurilla pintada")[35] alude a las constelaciones desiguales que marcaban esta ruta. Sus denominaciones (Carnero, Toro, Gemelos, Escorpión, etc.) pueden explicarse por las mismas razones que las de las constelaciones extra-zodiacales, y una vez que este círculo se dividió en doce partes iguales -los llamados signos o casas del Sol- casi todos recibieron las mismas designaciones que sus constelaciones. Las explicaciones de sus nombres, sin embargo, no resultaron las mismas, porque ahora se solía recurrir a su efecto sobre la Tierra. Así, el signo de los Gemelos no daría ya cuenta de la relación metafórica de sus dos luminosas estrellas y de su posterior esquema en figura humana, sino del efecto del Sol a su paso por el signo -reconocido en la visión nocturna de sus estrellas- sobre la Tierra: la convicción de que a su paso todas las cosas se parten o multiplican por dos (el germen que se divide, las hojas que se multiplican, etc.). El nombre de Las Garras [de El Escorpión] se explicaría porque bajo este signo se guarda la cosecha en los graneros, relacionándose así el nombre de Escorpión con el verbo *skorpízo*, "distribuir", "esparcir", etc. Este tipo de explicaciones son tan frecuentes como contradictorias. En cualquier caso, la mayoría de los nombres de estrellas y constelaciones acabaron convirtiéndose en explicaciones míticas que daban cuenta de un honor o de un castigo perpetuados en el cielo: La Corona es aquella que Ariadna recibió al casarse con el dios Dioniso; las dos grandes estrellas de la constelación de Los Gemelos (junto con su posterior configuración en forma humana) no son sino los Dióscuros, dos hermanos que se guardaban un inmenso amor fraternal, etc. Estas figuras, junto con sus nombres y cuali-

---

35. Cf. Hdt. 1, 70; Arist. *Metaph.* 1073 b 20. Plin., *NH.* 2. 9: ΖΩΙΔΙΑ: *Duodecim animalium effigies.*

dades, acabaron por ser consideradas el *efecto* celeste de una *causa* que se encuentra en la Tierra. En el último lugar de frecuencia se hallarían las constelaciones trazadas artificialmente con fines didácticos, y aquellas, siempre tardías, de las que se sabe la fecha de creación e incluso el nombre de sus autores, como ocurre con El rizo de Berenice o Julio César, creadas así, artificialmente, para honrar a distintos personajes[36].

Para entender la creación de mitos y leyendas estelares y su propia naturaleza resulta especialmente sugestiva la filosofía de las formas simbólicas que ofrece Ernst Cassirer. Para este filósofo alemán, que sigue la estela de Kant, la importancia del conocimiento mítico no reside en el objeto (tal habría sido el motivo por el que habrían fracasado teorías explicativas de carácter generalizante, como las pambabilonistas), sino en la conciencia del sujeto, porque, según su doctrina, la realidad mítica se crea activamente. El pensamiento mítico puede analizarse por ello conforme a las categorías específicas que configuran la, por él llamada, "conciencia mítica". Se trata de una conciencia simbólica que se manifiesta a través de representaciones. El símbolo es, en primer lugar, el elemento que convierte el caos de las impresiones sensibles en forma, "en leyes formales del pensamiento"[37] o, dicho en términos míticos, lo que transforma el Caos en Cosmos. Entre las formas simbólicas autónomas, Cassirer distingue el lenguaje, el mito y la ciencia, a cada una de las cuales dedica un tomo de su obra. Estas tres formas configuran lo real y están relacionadas

---

36. El rizo de Berenice se encuentra ya en Eratóstenes, *Cat,* 12. Cf. (Le Boeuffle, 1977, 119-120) y (Pàmias, 2004, 123, n. 10). Acerca del traslado del alma de César al cielo en forma de cometa, véase Ovidio, (*Met.* 15. 553-851).

37. Cassirer ([1964] 1972, 41).

entre sí de tal manera –dice- que "la pregunta por el origen del lenguaje está indisolublemente enlazada a la pregunta por el origen del mito (…) cada una de estas cuestiones sólo puede plantearse en relación con la otra"[38]. En efecto, en el lenguaje reside "el poder activo y creador del signo", que acaba transfiriéndose al mito y la ciencia. El mito, como forma autónoma, precede siempre al *Lógos* (Razón), porque "mucho antes de que el mundo se dé a la conciencia como un conjunto de *cosas* empíricas y como complejo de *propiedades* empíricas, se le da como un conjunto de potencias e influjos mitológicos"[39]. Es esencial reparar en que en el origen, tanto del mito como de la ciencia, se halla la palabra, y que ésta guarda en sí una doble dimensión: Permite un acercamiento intuitivo de la realidad, y al tiempo, mediante la abstracción y la lógica, puede aportar un carácter universal que posibilita a más largo plazo la aparición de la ciencia. "Las imágenes del mito -añade- esconden e implican un conocimiento racional que la reflexión debe extraer y mostrar como verdadero embrión"[40]. La palabra, sujeta en un principio a lo intuitivo o sensible en cuanto a imagen, puede liberarse de lo sensible o intuitivo en cuanto que también es portadora de un significado inteligible[41]. Pero, "el mito se mueve en un nivel *subjetivo* e *intuitivo*, en tanto que la ciencia en un nivel *discursivo*, el nivel de los conceptos generales y las leyes"[42]. Así, en las categorías específicas que posee la conciencia mítica (como ocurre también en la ma-

---

38. Cassirer ([1964] 1972, 11).

39. Cassirer ([1964] 1972, 17).

40. Cassirer ([1964] 1972, 18).

41. Cassirer ([1964] 1972, 46-47).

42. Cassirer ([1964] 1972, 44).

gia) no existe ninguna delimitación fija entre lo meramente *representado* y la percepción *real*; entre *deseo* y *cumplimiento*, y sobre todo, entre *imagen* y *cosa*[43], porque

> al pensamiento mitológico le basta cualquier semejanza en la apariencia sensible para agrupar en un solo *género* mitológico las entidades en que dicha semejanza aparece. Cualquier característica, por *superficial* que sea, vale lo mismo; no puede haber ninguna separación estricta de lo *interno* y lo *externo*, de lo *esencial* y lo *inesencial*, porque para el mito esa misma igualdad o semejanza perceptibles son la expresión inmediata de una identidad de *esencia*[44].

Este hecho explicaría que una figura más o menos perfilada acabe identificada con un ser terrestre, normalmente mítico. Tampoco hay una distinción tajante y clara, según las categorías de la conciencia mítica, entre *la parte* y *el todo*. Una parte (también aquí como en la magia) puede considerarse como un todo, de la misma forma que una estrella puede equivaler a toda una constelación. Por otro lado, dentro del pensamiento mitológico cobra especial importancia el *concepto de causalidad*, porque la forma de pensamiento causal determina la forma de pensarse el objeto. El pensamiento mitológico, al igual que el científico-racional, goza de esta categoría (así lo atestiguan las cosmogonías y teogonías mitológicas sobre el origen del mundo y de los dioses, así como las leyendas de carácter etiológico, es decir, explicativo), pero la causalidad propia del mito se distingue también de la forma

---

43. Cassirer ([1964] 1972, 63).

44. Cassirer ([1964] 1972, 98).

de explicación causal que exige y establece el conocimiento científico-racional. En el mundo mítico, mediante la imaginación, la mera contigüidad, la simple coexistencia espacial o la mera sucesión temporal pasan a integrar una relación causal [las golondrinas traen el verano]. En lo que se refiere al espacio y al tiempo, son válidos los principios *iuxta hoc, ergo propter hoc,* ("junto a esto, luego por esto") y también *post hoc, ergo propter hoc,* ("después de esto, luego por esto"). A través de la contigüidad espacial o temporal (metonimia), la relación entre los objetos puede transformarse en causalidad, porque en el pensamiento mítico, "toda simultaneidad, toda coexistencia y todo contacto espacial entrañan ya en sí, una *secuencia* causal real"[45], donde "*todo* puede derivarse de todo, porque todo puede estar conectado con todo temporal o espacialmente"[46]. Así podemos apreciarlo en constelaciones como La Balanza. Llamada a lo primero *Chlelai,* es decir, las "Pinzas" [de El Escorpión], pasó a ser considerada La Balanza (constelación zodiacal *Libra*) y símbolo de la Justicia por su mera contigüidad con Virgo (= La Justicia o Dike)[47]. En el pensamiento mítico, además, como ya hemos apuntado, se presupone una afinidad entre todas las cosas: cualquier cosa puede convertirse en otra por gozar de la misma esencia. Un ser humano o un objeto pueden convertirse en estrella por ser consideradas éstas también seres vivos.[48] Ahora bien,

---

45. Cassirer ([1964] 1972, 71).

46. Cassirer ([1964] 1972, 73).

47. Así se dice de manera ya explícita en Servio (*ad Georg.* I 32-35). Cf. Ruiz de Elvira (1997, 11).

48. Cf. Ovidio (*Met.* 1. 72-73): *Neu regio fore tulla suis animalibus orba / astra tenent caeleste solum formaque deorum.* "Ya para que ninguna región estuviera desprovista de los seres vivos que le corresponden, los astros y

en la causalidad de las metamorfosis míticas se parte de un hecho individual y fundacional, no generalizador, algo que, por el contrario, sí ocurre en la ciencia, porque en el pensamiento científico-racional la idea de cambio dirige su interés esencialmente a la transformación de una cosa sensiblemente dada en otra cosa de manera general. En efecto:

> En la *metamorfosis científica* la transformación sólo resulta posible y lícita en la medida en que se funde en ciertas relaciones y determinaciones funcionales que son consideradas *universalmente* válidas con independencia del nuevo aquí y ahora y de la eventual constelación de las cosas en el aquí y el ahora. En la *metamorfosis mitológica*, por el contrario, el cambio versa siempre sobre un acaecer individual, sobre el paso de una forma individual y concreta de existir como cosa a otra forma de lo mismo[49].

En efecto, en el pensamiento mítico (como podemos comprobar en los *Catasterismos*), el acontecimiento individual no se explica a partir de leyes y reglas, sino "postulando y suponiendo actos de voluntades individuales"[50]. Con todo, la categoría más significativa del pensamiento mítico es la que dirime, como *antítesis básica*, lo sagrado y lo profano.

---

las formas divinas ocuparon el suelo celeste" (Trad. Ruiz de Elvira)

49. Cassirer ([1964] 1972, 75). El verdadero carácter del ser mitológico -ha insistido por su parte una y otra vez Mircea Eliade- se revela cuando aparece como el origen: en palabras de Cassirer ([1964] 1972 a, 142): "Cualquier rasgo característico de la imagen de la naturaleza, cualquier característica de una cosa o especie se tiene por explicada cuando se la conecta con algún suceso irrepetible del pasado descubriéndose así su génesis mitológica".

50. Cassirer ([1964] 1972, 75).

Esta primera dicotomía es anterior a aquella que la ciencia considera fundamental: la que distingue entre verdad y falsedad. Es importante tener en cuenta que el mito se asienta en un mundo de valores: las cosas son sagradas o profanas en vez de constituir un mundo neutral de hechos físicos. En este proceso,

> La conciencia mitológica no llega a una articulación del espacio y del tiempo mediante la fijación de lo fluctuante e inestable de las apariencias sensibles en procesos duraderos, sino introduciendo también en la realidad espacial y temporal su típica antítesis de lo sagrado y lo profano[51].

Si en el espacio geométrico conceptual (o amorfo, según la terminología de Elíade), hay una homogeneidad, por el contrario,

> en el espacio mitológico intuitivo, cada lugar y cada dirección parecen estar revestidos de un *acento* particular que invariablemente se deriva del acento fundamental genuinamente mitológico, la división de lo santo y lo profano[52].

La imagen del "espacio cósmico y de la distribución de los campos en el espacio que nos es ofrecida por la ciencia astronómica, se originó de la intuición astrológica [sagrada] del

---

51. Cassirer ([1964] 1972 144).

52. Cassirer ([1964] 1972, 118).

espacio y del acaecer en el tiempo"[53]. De ello se desprenden consecuencias evidentes: El mundo fue haciéndose racional a partir del mito, a medida que éste fue distribuyéndolo entre distintos dioses, a medida en que fue colocando cada región de la existencia y de la actividad humana bajo la tutela de un dios específico o de un poder, a medida que cada signo del Zodiaco quedó regularmente encasillado en un espacio y tiempo particulares. Nos hallamos aquí ante otro principio fundamental: El mito, emanado de lo sagrado, se estructura en una rigurosa jerarquía de divinidades. En la ciencia, por el contrario se establecen las puras representaciones de las causas y los efectos. La realidad profana, no obstante, ha ido filtrándose progresivamente en la esfera de lo sagrado[54]. Así ha ocurrido, por ejemplo, en la oposición arriba-abajo. Aquello que se muestra de un modo neutro en la física, en la mitología muestra un "acento valorativo", el que diferencia lo santo de lo profano (por ejemplo, en el mundo de la astrología, la región superior pasa por ser positiva y predominante, en tanto que la inferior, negativa y subordinada)[55]. Otro tan-

---

53. Elíade ([1964] 1974, 89).

54. Cassirer ([1964] 1972, 111).

55. Cassirer ([1964] 1972, 130). Huellas de este hecho llegan hasta el mundo profano de hoy. Reparemos en oposiciones del lenguaje cotidiano como "Es feliz"= "arriba" / "es triste"= "abajo": *Eso me levantó el ánimo / Caí en una depresión*. "Lo consciente" = arriba / "lo inconsciente" = abajo": *Levanta* (*i. e.* despierta) / *cayó dormido*. Más = arriba / menos = abajo: *El precio del dinero sigue en alza / baja la calefacción*. Un status elevado o algo bueno = "arriba" / un status bajo o algo malo = "abajo": *Tiene una elevada posición / Yo no me rebajaría a eso*. La virtud = arriba / el vicio = abajo: *Tiene altos valores / Cayó en el vicio*, etc. Ejemplos tomados de (Lakoff y Johnson, 1986, 50-54).

to ocurre con la oposición "luz-oscuridad", "día-noche"[56], etc. Recordemos de nuevo que la raíz de *templum* y *tempus*, ambas relacionadas, significa "corte" o "intersección". Y así, *tempus*, la zona del cielo (oriente por ejemplo), pasó a significar la hora del día (la mañana), y, finalmente, tiempo en general[57], porque "el sol, la luna y las estrellas, son seres divinos animados, pero son también cosas individuales perfectamente determinadas"[58]. La división del cielo, en un principio puramente emotiva, sirvió así, a largo plazo, para la división científica del espacio y del tiempo en determinados períodos y de esta manera, conforme al paso del mito a la ciencia, el cielo acabó por ofrecer un *orden universal del mundo*[59]. Una vez delimitadas las esferas mítica y científica, podemos decir que éstas estaban ya esencialmente trazadas en la aurora del pensamiento griego. J.-P. Vernant señala tres razones que hicieron posible, frente al mito, la aparición del pensamiento racional en Grecia:

> En primer lugar, el hecho de que se constituya en una esfera profana, a pesar de sus primeros pasos titubeantes, como es el caso de los físicos jonios. En segundo lugar, la idea de un "orden cósmico" que no descansaba, como es el caso de Babilonia, en la jerarquización monárquica, sino en una "regla de reparto" (*nómos*) que impone un

---

56. Por ello el oriente, como origen de la luz, es la fuente y el origen de la vida, en oposición al occidente, donde se pone el sol, el reino de la muerte. Así, en la mitología babilónica, Marduk, el sol de la mañana, vence a Tiamat, el gigante que representa el caos y la oscuridad.

57. Cassirer ([1964] 1972, 144).

58. Cassirer ([1964] 1972, 129).

59. Cassirer ([1964] 1972, 143-144).

orden igualitario. En tercer lugar, el carácter geométrico del pensamiento y en concreto de la astronomía: la naturaleza no sólo es concebida de manera "abstracta" y no se define por las cualidades religiosas, sino que lo hace por sus relaciones "recíprocas, simétricas, reversibles"[60].

No hay en Grecia huellas firmes de un antiguo culto a los astros, y los mitos de estrellas son escasos hasta época helenística, tiempo en que, debido a un interés inverso, cobraron importancia las leyendas de catasterismos. Pueden rastrearse referencias a constelaciones en Homero, en la descripción literaria del escudo de Aquiles (*Il.* 18. 299-489), donde se nombran algunas figuras en él representadas (Las Pléyades, Las Híades, Orión, y la Osa o Carro). En Hesíodo (*Op.* 383) encontramos ya una alusión mítica cuando se habla de las Pléyades como "Hijas de Atlas", y así mismo, menudean otras referencias a estrellas y constelaciones en autores de la edad arcaica. Pero es en época helenística, cuando predomina el gusto erudito, el interés por la etiología y los catálogos de colecciones, el momento en que se desarrolla plenamente la literatura de catasterismos[61]. La más antigua descripción sistemática del conjunto de las constelaciones griegas de la que tenemos noticia se remonta a Eudoxo de Cnido (ca. 390-340 a C)[62]. Tenemos, en efecto, noticia de dos de sus obras perdidas: *Katóptron* (*Espejo*), y los *Fenómenos*, de las

---

60. Vernant (1992, 10-11).

61. Sobre este proceso, véase (Pàmias, 2004, 17-28).

62. En la estatua llamada Atlas Farnesio, conservada en el Museo Arqueológico de Nápoles, que representa al Titán sosteniendo sobre sus hombros el cielo, se hallan representadas las constelaciones catalogadas por Eudoxo.

que podemos hacernos una idea por la obra de Arato de Solos (310-240 a.C.) que tituló de la misma manera. Una vez establecidas las diferencias entre el conocimiento mítico y el científico, podemos justificar nuestra opinión en las palabras del propio Eratóstenes cuando dice (según Estrabón[63]) que un poeta apunta siempre al deleite del espíritu, y no a la instrucción (tarea de la ciencia), a la educación o a las buenas costumbres. Estrabón critica a Eratóstenes por considerarlo un defensor de "cuentos de vieja", de una especie de poesía "a la cual le es lícito inventarse todo aquello que le parezca apropiado para el goce del espíritu", palabras que acercan su obra al mito y la poesía. Los *Catasterismos*, a pesar de ser obra de un científico, originariamente debían de ser una colección de mitos griegos más o menos enlazados y envueltos en poesía y literatura. Y, en efecto, si la obra de Eratóstenes no hubiera sido de este tipo (en la medida en que podemos suponer a partir de su transmisión) posiblemente se habrían conservado más datos científicos y astronómicos, pero, con seguridad, sobrarían por completo las leyendas astrales. Los *Catasterismos* de Eratóstenes, obra poética con trasfondo astronómico, estarían destinados a un tipo de lector acorde con los gustos e intereses de la época alejandrina. Por las referencias a mitos y autores griegos que se encuentran en ellos, es de suponer que la obra habría estado pensada para un tipo de lector culto y curioso, con cierta disposición poética, razones que, seguramente, configuran también al lector de hoy.

---

63. Strabo, 1.2.3. El término que utiliza es *psychagogía*, un modo de "seducir a las almas". Cf. Platón. *Phdr.* 271 c.

BIBLIOGRAFIA

Adrados, F.R. . "Sobre ὅμιλος, ἄμιλλα y ἄμαξα", *Emérita* 17 (1949), 119-147.

Allen, R. H. (1963) [1899] . S*tar Names. Their Lore and Meaning*, Nueva York.

Bleek, W.H. I. (1873). *Report of Dr. Bleek concerning his reseaches into the Bushman language and customs*, Ciudad del Cabo.

Boitani, P. (2012). *Il grande raconto delle stelle*, Bolonia.

Boll F. y Gundel, W. (1924-1937). *Sternbilder, Sternglaube und Sternsymbolik bei Griechen und Römer*, en W.H. Roscher, *Lexikon der griechiscen und römischen Mytologie*, Bd. VI, Leipzig- Berlin, cols. 867-1071.

Cassirer, E. (1945) *Antropología filosófica. Introducción a una filosofía de la cultura*. Trad. E. Imaz , México,

Cassirer, E.(1972) *Filosofía de las formas simbólicas, II. El pensamiento mítico*. *T*rad. A. Morones, México.

Eliade, M. (1974)[1964]. *Tratado de Historia de las Religiones, trad. A. Medinaveitia, Madrid*.

Daremberg, C. et alii. (1969) *[1877 ss.] Dictionnaire des antiquités grecques et romaines...*, reimpr. Graz

Lakoff y Johnson M. (1986) [1980] *Metáforas de la vida cotidiana*, trad. J.A. Millás y S. Narotzky, Madrid.

Le Boeuffle, A. (1977). *Les noms latins d' astres et de constellations*, París.

- "Histoire de la Grande Ourse ou les Métamorphoses d'une constellation", *Via Latina* 100 (1985), 15-20.

Martin, J. (1974). *Scholia in Aratum vetera* (ed.), Stuttgart.

Mcbeath, A. (1998). *Sky Dragons and celestial Serpents,* Londres.

Otto, R. (1980) [1917], *Lo santo. Lo racional y lo irracional en la idea de Dios*, trad. F. Vela, Madrid

Pàmias, J. (2004). *Eratòstenes de Cirene. Catasterismes.* (Edición, Introducción, Traducción al catalán y notas), Barcelona.

Pérez Jiménez, A. (Ed.) (1994). *Astronomía y Astrología*, Madrid.

Ruiz de Elvira, A. (1984) [1982] . *Mitología clásica*, Madrid.

Ruiz de Elvira, A. (1997). "La balanza de la Justicia, *CFC (Est. Lat)* 13, 9-13

Scherer, A. (1953), *Gestirnnamen bei den indo-germanischen Völkern*, Heidelberg.

Snell, B. (2007) [1946], *El descubrimiento del espíritu*, trad. J. Fontcuberta, Barcelona.

Vernant, J.-P. (1992). *Los orígenes del pensamiento griego*, trad. M. Ayerra, Barcelona.

Villar, F. (1991). *Los indoeuropeos y los orígenes de Europa*, Madrid.

E.J. Webb, (1982)[1957], *Los nombres de las estrellas*, trad. F. González, México.

Zucker, A. (1997). *"Etude épistemologique du mot κῆτος"*, *in Les Zoonymes*, Niza, pp. 427-454.

Zucker, A. (2008). *"La fonction de l' image dans l' astronomie grecque* (Ératosthène, Hipparque, Ptolémée)", *in* Christophe Cusset y Hélène Frangoulis)" (ed.) *in Eratosthène: un athlète du savoir*, Saint-Etiénne, pp. 31-66.

LA ODISEA EN LA CASILLA DE SALIDA DEL JUEGO DE LA OCA

Introducción

En la escena primera del acto segundo de la obra *El avaro* de Molière su protagonista, Harpagón, hace una referencia al Juego de la Oca, del que se dice que ha sido *renouvelé des Grecs*, "remozado desde los griegos". Este marbete puede encontrarse una vez y otra en los títulos que acompañan a los tableros del juego en la Francia de los siglos XVII y XVIII[1], época en que gozó de gran popularidad en el país galo. La palabra *renouvellé* pertenece a un amplio campo semántico: el famoso Diccionario de Littré entiende *Rendu nouveau*, sugiriendo por ello una "reforma" o una "renovación" que, por lo demás, podría ser tanto física como espiritual: Madame de Sévigné, por ejemplo, se complace en decir a su hija: "hacía tiempo que estabais destrozada, por lo que estaba triste, pero el Juego de la Oca os ha renovado del mismo modo que ese juego ha sido remozado por los griegos"[2]. El constante hincapié que se hace en esta idea sugiere claramente que se percibía un origen helénico del juego. Quizá se

---

1. Poirier, (1950) 5-6.
2. Carta 92, ed. R. Duchêne, 1972-1978.

trate tan sólo de un lugar común por mor del prestigio que pudiera otorgar al juego un origen de este tipo, pero podría responder también a una intuición exacta y certera. Para reafirmar esta última tesis nos moveremos, no tanto en las vicisitudes detalladas de la evolución histórica del juego, sino más bien en los elementos estructurales y simbólicos que en sí encierra y que revelan, creemos, una deuda con el genio griego y, más en concreto, con el imaginario de Homero.

1. Origen del Juego de la Oca

El filósofo alemán Cassirer[3], en su búsqueda de una visión global de la cultura humana, ha demostrado que la característica primordial y constitutiva del hombre es su condición simbólica. Toda la realidad se halla trabada en la urdimbre que posibilitan el espacio y el tiempo; a diferencia de los animales, el hombre puede enfrentarse a ellos no de forma directa e inmediata, sino también de una manera simbólica. Siguiendo esta misma senda, Huizinga ha explicado una dimensión que pertenece al *homo symbolicus*, la que lo constituye como *homo ludens*. A diferencia de los animales, que también juegan, cuando observamos al hombre, enseguida comprendemos que "el juego, en cuanto tal, traspasa los límites de la ocupación puramente biológica o física", porque, "en el juego, *entra en juego* algo que rebasa el instinto inmediato de conservación que da un sentido a la ocupación vital. Todo juego significa algo"[4]. Características propias del

3. Cassirer (1945).

4. Huizinga (2012), p. 12.

juego son para el autor la separación de la vida corriente por obra de un peculiar lugar y duración, que gozan entonces de un orden "propio y absoluto"[5]; característica esencial es también el hecho de actuar *como si* en referencia a la realidad. El juego contiene, de una manera esencial, la fragmentación propia del simbolismo: es, en efecto, un sistema privilegiado que habita en formas espaciales y temporales propias, pero, al mismo tiempo, puede referirse a la vida real (o imaginaria) haciendo posible así encarnar y conjugar algunas de las más profundas experiencias y arquetipos del mundo real (o imaginario). En tal sentido, puede considerarse una *imago mundi*: "el juego es una lucha por algo o una representación de algo. Ambas funciones pueden fundirse de suerte que el juego represente una pugna por ver quién reproduce mejor algo"[6], concluye Huizinga. El imaginario en que se asienta el Juego de la Oca es, según consideramos, además de la vida real, el imaginario que ofrece la *Odisea*.

Si nos atenemos a la historia en sentido estricto, el primer dato contrastado de la existencia del Juego de la Oca del que se tiene noticia es de 1597: se trata del registro en *The Stationer's Company Register* de Londres de un juego llamado *The royal and most pleasant game of the goose*. Más inequívoca resulta la referencia de Pietro Carrera en 1617, según el cual, el juego se inventó en Florencia y, como gustó mucho a Francisco de Médici, se lo mandó como regalo al rey Felipe II de España[7]. Pero, siguiendo nuestro método,

---

5. Ib. p. 22 y 23.

6. Ib. p. 33.

7. Se ha señalado como el antecedente remoto del Juego de la Oca, el Mehen o Juego de la serpiente (cf. Martínez de Parga, pp. 329-357). Hay quien ha supuesto que el juego se halla ya en el Disco de Festo

podemos remontarnos a un sustrato anterior, a sus orígenes míticos

El elemento espacio-temporal en el que se desarrolla el Juego de la Oca es el tablero y, en este sentido, se engloba en la más amplia denominación de "juegos de mesa". En lo que se refiere al origen de los juegos en general, ya Heródoto aportaba datos significativos: para él fueron los lidios quienes, en tiempos del rey Atis, inventaron los juegos de mesa cuando una carestía inmensa asolaba al país y para afrontarla idearon la siguiente treta: establecieron que de cada dos días uno habrían de pasarlo sin probar bocado y jugando, para así engañar al hambre. Fue de esta manera cómo los lidios inventaron el juego de dados, los astrálagos, la pelota y otros muchos, excepto, señala de manera significativa Heródoto, un juego especial: los *péssoi* [88]. Suelen considerarse *péssoi*, también llamados *petteia* en la Antigüedad, a los "juegos de mesa" o "de tablero" en general. El origen de la palabra es oscuro[9]. A partir de algunas referencias literarias podemos deducir que se trataba de un juego en que unas piezas (*líthoi*, *psephoi*) eran movidas a través de un tablero; como veremos, en esta sencilla acción hay que considerar distintas variantes. Pero, volvamos al mito.

---

que, en realidad, presenta un sistema "silábico" de escritura (cf. Ruipérez y Melena, esp. pp. 26-29). Sobre el Juego de la Oca, sus imágenes, símbolos, interpretaciones y dimensión histórica, véase el excelente libro en tantos aspectos de Martínez de Parga, esp. pp. 275-283.

8. Heródoto, 1.94,1-7.

9. Para H. Frisk, (*Griechisches Etymologisches Wörtenbuch*, Heidelberg 1954-1972) se trata de una piedra oblonga u ovalada para juegos de mesa; su origen quizá sea semítico (arameo, pis(s)a, según Lewy Fremdw, ad. loc). Sobre los tableros de juego en la Antigüedad, véase Pauly-Wissowa, s.u. Lusoria tabula.

2. El inventor mítico

En la construcción de la historia de la literatura intervienen diversos protagonistas. Por supuesto, el autor es personaje principal; junto a él cobran singular importancia los lectores y, cómo no, los críticos e historiadores. De todos ellos surge una creación colectiva que, en ocasiones, va más allá de la obra literaria. Esto de ningún modo quiere decir que supere a la obra original, pero de alguna manera cobra vida y perdura en el tiempo.

El ciclo troyano relata acontecimientos impregnados de dolor con actos de valentía y cobardía y no pocos de compasión. Y entre tanto hecho de guerra hubo momentos de necesidad, de hastío y también de aburrimiento.

Pero en la tradición mítica griega nada está escrito definitivamente. Autores de todas las épocas han versionado y modificado narraciones para alcanzar un mejor destino literario. Esto hace posible que junto al Odiseo del valor humano y el arrojo conviva otro Odiseo más astuto y torticero, capaz de engañar a jóvenes y ancianos, o de provocar la muerte de un compañero con tal de conseguir lo deseado. La tradición del héroe Palamedes no tiene la importancia literaria de la de Odiseo; y, sin embargo, ambos personajes permanecen ligados por una suerte de maldición provocada por la actitud y los hechos de ambos héroes de astuta inteligencia (*mētis*).

Si jugáramos un poco con esta tradición liberal del mito griego, podríamos difuminar los contornos del relato y alcanzar un objetivo que no es descabellado: enlazar el destino de Odiseo tras la guerra de Troya y las vicisitudes de su regreso a Ítaca con el Juego de la Oca, un juego simbólico que, entre otras cosas, representa los peligros y fortunas de la existencia antes del retorno al seno materno. Vayamos poco a poco con esta posibilidad leve de modificar el mito empezando por la más remota referencia.

Según la mitología griega, el primer inventor de este tipo de juegos fue Palamedes. En efecto, a este héroe se le atribuyeron desde muy pronto inventos que servían para organizar la sociedad facilitando y mejorando las condiciones de vida de la comunidad; es un héroe civilizador. El sofista Gorgias[10] dice que el héroe inventó la estrategia, las letras, los pesos y medidas; y también los *"péssoi* como un agradable entretenimiento del ocio"*. Asimismo, para Sófocles[11] el origen de la *petteia* ha de atribuirse a Palamedes, quien lo habría imaginado en último término como un remedio contra el tedio.

¿No puso fin acaso este al hambre de aquellos -y dicho sea con respeto a la divinidad-, no les descubrió, cuando estaban acampados tras la fatiga del oleaje, los más ingeniosos entretenimientos del tiempo, *péssoi* y dados (*péssoi kai kýbous te*), placentero remedio de la inactividad?

Podemos seguir leyendo en un escolio a Eurípides[12] la paternidad de Palamedes acompañada de una explicación acerca de la finalidad del juego de dados, donde el hecho de "engañar el tiempo tiene un sentido práctico:

Pasando hambre en Áulide y soportando calamida-

---

10. Gorgias, Frag. B 11, a. 30 DK.

11. Cf. Eustacio, *Comentarios a la Ilíada* 228.1. Trad. J.M. Lucas de Dios.

12. *Scholia in Euripidem*, Or. 432.

des [...] Y después hizo que entorno a los dados volvieran su despreocupación [...] de tal forma que adquirió gran renombre entre los griegos.

No resulta superfluo señalar que la inteligencia de Palamedes causó la envidia de Agamenón, Odiseo[13] y Diomedes; una pasión malsana que desembocó en una calumnia y, en último término, en la muerte del filántropo héroe.

Parece evidente que el juego que, según la tradición, habría inventado Palamedes en Troya tuvo un rápido despliegue, si nos paramos a considerar ya en la *Odisea* el modo en que gastaban el tiempo los pretendientes:

Alegraban su ánimo (*thymòn éterpon*) con juegos de dados (*pessoîsi*), tumbados ante el portón sobre pieles de bueyes, que habían matado ellos mismos[14].

Esta escena ha sido considerada[15] como un ejemplo de la "mala aristocracia" por el tipo de juego al que se entregaban, opuesto a los que practicaban habitualmente los nobles, quienes solían solazarse en el ejercicio de la fuerza corporal mediante el boxeo o el tiro con arco. Los *péssoi*, desde esta perspectiva, vendrían a simbolizar la debilidad y la molicie. Y, lo que es peor, era la manifestación de una violación de la hospitalidad (*xenía*), como muestra una tradición tardía, recogida por Ateneo en

---

13. La enemistad de Odiseo y Palamedes venía de lejos. Cuando Odiseo, para no ir a la guerra, se fingió loco y trató de uncir un asno y un buey, Palamedes posó al pequeño Telémaco delante de la yunta; de este modo, al detener a los animales, Odiseo descubrió su artimaña.

14. *Od.* 1.106-108. Trad. Carlos García Gual (2004).

15. Cf. Kurke, 253.

su *Banquete*: los ciento ocho pretendientes, divididos en dos bandos, divertían su espera con un juego de mesa que consistía en empujar con fichas a la llamada "Penélope"[16].

Hay noticias de la *petteia* también en época arcaica; Heráclito de Éfeso, hace esta alusión:

αἰὼν παῖς ἐστι παίζων, πεσσεύων· παιδὸς ἡ βασιληίη.

El tiempo-todo es un niño jugando, que juega al castro (o tres-en-raya): ¡castro- hecho-y-derecho para el niño! (o ¡de un niño la corona!).[17]

En el comentario García Calvo delimita y explica el concepto del juego al que hace referencia, algo imprescindible para el entendimiento del concepto de *aión* al que simboliza:

"Un juego de posiciones relativas", lo que en la clasi-ficación de Murray de los juegos de mesa ocupa un lugar dentro de los llamados de *alineament and configuration*. Había dos variantes bien conocidas: una es la que nosotros conocemos por tres-en-raya o "castro-hecho-y-derecho". Es la llamada, entre los griegos, *pente grammai*: "un juego en que las dos clases de fichas de color contrario luchan por ocupar sobre el sistema de líneas una disposición que las adversarias tratan continuamente de impedir; el logro de esa disposición por las unas o las otras es el final del juego".

La victoria proclama la realeza del niño (*basileíe*). Entre

---

16. Ateneo, *Sym.I.* Ept. 1. 16F-17b.

17. Frag. 85, edición y traducción de García Calvo (= 52, Diels).

los romanos esta variante de la *petteia* recibía el nombre de *latrunculi*[18] o "bandoleritos"; el ganador se proclamaba *imperator*. Ahora bien, sigue en su comentario García Calvo:

> El tres-en-raya, con cualesquiera de sus complicaciones y hasta el ajedrez mismo, no es ciertamente un juego de veras infinito, en cuanto que, siendo número determinado los lugares, las fichas y reglas convenidas, cabe decir con buen sentido que todas las jugadas, sucesiones de jugadas y partidas enteras, están previstas en el sistema o aparato, que todo lo que se juegue estaba ya jugado.

Según el lexicógrafo Pólux[19] existía otra variedad. Se jugaba con fichas situadas en un casillero llamado *pólis*, "ciudad". El auge de este juego, observa Kurke (*l.c.*), es coetáneo a la aparición de la Democracia ateniense (esto explicaría el empeño de Heródoto de señalar la *petteia* como un juego no bárbaro, sino esencialmente griego, que simbolizaría el "orden en la ciudad"). De la misma manera que en una guerra, en la disposición de los soldados en formación (la sintaxis, el llamado modernamente "orden cerrado"), cada miembro es esencial para el éxito de la empresa, así también cada pieza de la *petteia* lo es para el sistema del juego. Esto explica que Aristóteles tome el juego como ejemplo de convivencia: en la ciudad, cada ciudadano tiene su función en el sistema de la comunidad. Los que no cumplen las normas, por ello, son *como una pieza suelta en un juego de damas*[20].

---

18. Cf. G. Lafaye, s.u. en Daremberg, pp. 992-995.

19. Pólux, 10.95.

20. Aristóteles, *Pol.* 1.2.9-12; cf. 125a 1-18.

Entre los juegos de mesa en la Antigüedad pueden considerarse distintas modalidades: los de estrategia y enfrentamiento; y los de suerte y azar. Recordemos que ya Sófocles hablaba a la par de *pesoús te kýbous*. Lo que más nos interesa ahora es constatar que dentro de esta última modalidad puede vislumbrarse una variedad que es combinación de una carrera acompañada de dados[21]. En esta estructura podemos suponer elementos parecidos al Juego de la Oca. Por ejemplo, en una conocida ánfora de Exequias[22], dos figuras sentadas frente a frente, de quienes se nos dice que son Áyax y Aquiles, juegan sobre un tablero. Uno dice "tres" (τρεῖς) y el otro responde "cuatro" (τέσσαρα); puede verse cómo mueven sendas fichas. Esta representación sugiere un juego que combina dados y, seguramente, una carrera; esta sería la mayor aproximación que podemos suponer a una atribución griega estructural al Juego de la Oca. Por su parte, la carrera puede estar mediatizada solo por el azar de los dados o también por la intervención del jugador. El juego del parchís, por ejemplo, puede definirse como un juego de azar, pero no de puro azar, porque el jugador puede decidir la ficha que mueve, la barrera que forma, etc. También en el mundo homérico el azar está en mano de los dioses, y por encima de los dioses, el Destino. Pero también se dice que los hombres son responsables de sus actos. El carácter, pues, es en cierta manera, como decía Heráclito, destino. Pues bien, ésta es una diferencia notable con el Juego de la Oca, donde todo, absolutamente todo, es producto del azar. Podemos deducir, pues, que las trazas esenciales de un juego de mesa en el que se combinaban casillas y dados, con un componente

---

21. Cf. Pólux, loc. cit.

22. Mus. Vaticano, inv. N 16757.

absoluto de azar, estaba ya constituido en la época clásica del mundo griego, aunque no dispongamos de más precisiones.

3. Elementos arquetípicos

3.1 La oca

Ahora bien, si consideramos los que podemos llamar elementos arquetípicos del Juego de la Oca, quizá obtengamos una visión más fructífera. Ha de constar, en primer lugar, el animal que da nombre al juego. La oca era un ave bien conocida; se sabía que frecuentaba las orillas de los ríos y lagos y que gustaba de alimentarse de los cultivos[23]; que migraba en formación de cuña en invierno[24]; Aristóteles conoce varias especies y detalla algunos aspectos de su reproducción[25]. En la *Odisea* se presenta como ave domesticada[26], *chenoboskós*[27]; incluso Penélope tiene su propio rebaño[28]. El peripatético Lácides describe el ave como mascota[29]; en las fábulas aparece, también, en su doble aspecto de ave silvestre y familiar[30]. Sin embargo, en la *Ilíada* exhibe un

---

23. Virgilio, *Geórgicas* 1.118-21.

24. Plinio, *Historia Natural* 10.63.

25. Cf. Aristóteles, *H.A.* 2,5,6,8, 9.

26. *Od.* 15.161-62.

27. *Od.* 15.174.

28. *Od.* 19.536-52.

29. cf. Eliano *HA*.7.41.

30. Cf. Esopo, Fábulas 87 y 228; edición de Pedro Bádenas, Madrid: Gredos, 1978.

carácter principalmente salvaje[31]. Las ocas, pues, podrían considerarse como figuras de mediación entre la naturaleza y la cultura. Además, se asocian simbólicamente, a través de la migración de los gansos silvestres en el otoño, al ciclo anual de la vida en la naturaleza. Todos estos aspectos resultan muy apropiados para un juego cuya acción transcurre por varios elementos. También está asociada al efecto siempre beneficioso de las madres, protagonizado por unas aves que juegan un papel propiciador fundamental en su desarrollo.

En el mito la oca aparece en la seducción de Némesis por Zeus, en un episodio de persecución y metamorfosis que cuenta Ateneo:

> A Helena la había engendrado en tiempos Némesis, la de hermosa cabellera, unida en amor a Zeus, rey de los dioses, bajo violenta coacción. En efecto, huía y no quería unirse en amor al padre Zeus Cronión, pues angustiaba su mente por el pudor y la indignación. Por tierra y por las oscuras aguas infecundas huía, mas Zeus la perseguía y ansiaba en su ánimo alcanzarla. Ella, tomando unas veces la forma de un pez entre el oleaje del mar muy bramador, perturbaba el ponto un largo trecho. Otras veces, por la corriente del Océano y los confines de la tierra, otras veces por la tierra firme, pródiga en labrantíos, se convertía continuamente en cuantas terribles criaturas sustenta la tierra firme para eludirlo[32].

Finalmente, Némesis se convirtió en oca, pero Zeus, convertido a su vez en cisne, se unió a ella.

---

31. *Il.* 2.459-61; 15.690-92

32. Ateneo, 334b. Trad. A. Bernabé, en *Fragmentos de épica arcaica*, p. 122.

La oca, asociada con juegos, gozó de ricas figuraciones en la Antigüedad. En un mosaico romano de Cartago se representa un carro de dos ruedas tirado por dos ocas blancas con nuca gris y alas rojas[33]. En la marroquí Volúbilis, en la Casa de Venus se ha encontrado un mosaico que representa la *spina* de un circo en miniatura alrededor del cual corren carros tirados por ocas y conducidos por aurigas de distintos colores. En los baños romanos de la ciudad argelina de Tébassa puede verse una pieza llamada "mosaico de los juegos" o "Fortuna Redux". La mitad del pavimento está cubierta por una guirnalda de laurel, signo de la victoria; están representadas unas casillas de distintos animales con una numeración adjunta: un jabalí con el número VIII, una gacela con el II, un avestruz con la inscripción CURI[S], un toro con el número X y un oso con el XVIII; la oca se encuentra en postura de saltar en el aire[34].

3.2 El laberinto

En su forma, el tablero del Juego de la Oca compone una espiral involutiva dividida en 63 casillas. En sus círculos concéntricos representa un laberinto que, de hecho, aparece en la casilla 42. El objetivo final del juego, que no es sino un viaje como el de Odiseo, es volver al principio, al origen. Seguramente ésta es la razón por la que la espiral involutiva, que guarda un simbolismo siniestro y destructivo, carece

---

33. Cf. Arnott, s.u. Chēn.

34. Cf. Baratte (1973) pp. 76-79; Dunbabin (1978) p. 74; Hild en Daremberg, s.u. Fortuna, p. 1276.

de este carácter en el juego, al reunir final y principio; su desenlace no es la destrucción, sino la gloria[35].

Una categoría dentro de la clasificación de los laberintos es la de los unidireccionales, en los que ha de recorrerse un solo camino de manera lineal, aunque también puede ser en espiral. Cuenta Apolodoro que cuando Minos perseguía a Dédalo, conocedor de su perspicacia, llevaba consigo una caracola y ofrecía una gran recompensa a quien consiguiera enhebrar un hilo a través de ella. Al llegar a Sicilia, Cócalo, que había protegido a Dédalo, le mostró la caracola, y este ató un hilo a una hormiga para que atravesara la espiral interior. Así lo descubrió Minos. Este es un buen ejemplo de un laberinto unidireccional; distinto del que diseñó Dédalo en Creta, "un recinto de complicados ambages que confundían la salida"[36]. A pesar de la forma en espiral, el laberinto del Juego de la Oca es más parecido al que moraba el Minotauro. En efecto, dentro de las clasificaciones tradicionales, el del juego habría que englobarlo en el tipo de "laberinto multidireccional". Se trata de un camino al centro que alberga un peligro, como en el caso del Minotauro; pero que también puede albergar, como el Juego de la Oca, el paraíso y la salvación. El camino, en efecto, está lleno de peligros y obstáculos que el jugador ha de sortear y que lo pueden desviar de su ruta. De esta manera el juego relata una historia, *un voyage traqué* [viaje-trampa][37] que va dictando el azar, impidiendo de

---

35. Sobre el tema del laberinto véase Attali (1966); Santarcangeli (1997); Méndez (2009); Ibáñez (2010).

36. Apolodoro, *BM* 3.3. Trad. de Margarita Rodríguez de Sepúlveda (1985).

37. En expresión de Forest Philippe, *Textes et labyrinthes*, citado por Atalli, p. 191.

este modo, un recorrido unilineal. En palabras de Santarcangeli, "una peregrinación impedida", una "progresión *per accidentia* no gobernada por otra fuerza que no sea el ciego capricho de los dados"[38]. En su trayecto, el jugador (que en primera persona sustituye a cualquier héroe) ha de sufrir pruebas para acceder al final a un lugar identificado muchas veces con el paraíso perdido. Se convierte así en metáfora del caminante o peregrino[39], en cuyo recorrido pueden sumarse pruebas de purificación y expiación acordes con las funciones del cuento popular.

3.3 Las casillas, los números y los cuentos

Es asombrosa la perfección narrativa que podemos apreciar en la *Odisea*. Parece contener *in nuce* casi la totalidad de los cuentos. El argumento de la *Odisea* está articulado por relatos que conservan gran parte de la estructura de los cuentos populares. Estas narraciones se integran en la *Odisea* como secuencias del poema, al modo de las casillas que conforman el tablero de juego. Algunas alcanzan un desarrollo independiente (Idotea); otras se integran como secuencias en el conjunto del poema (Polifemo, Nausícaa, Calipso); y muchas se introducen parcialmente y formando parte de otra secuencia mayor (Lotófagos, Eolo, Lestrígones, Eumeo). Todas ellas influyen en el transcurso de la acción principal que llevará al héroe desde la casilla de salida, situada en Troya, hasta el desenlace final en Ítaca.

---

38. Santarcangeli, p. 302.

39. Sobre la vinculación del Juego de la Oca con el camino de Santiago véase López Poza (2004).

Es cierto que el argumento épico racionaliza y anula, en cierta medida, el elemento maravilloso que existía en los cuentos originales, pero con todo, podemos rastrear en ellos las esencias de las narraciones que analizó desde un punto de vista estructuralista Vladimir Propp. Hasta su estudio, los cuentos solían clasificarse según el tema que narraban, algo que resultaba imposible de sistematizar; observó que el cuento atribuía frecuentemente las mismas acciones a personajes diferentes. Por lo tanto, asumió que el análisis debía partir de las funciones de los personajes, es decir, de la acción de un personaje y de su significado en el desarrollo de la intriga. Comprobó que en los cuentos del folclore las funciones son constantes, limitadas y en sucesión idéntica. Finalmente, propuso la definición de cuento maravilloso como aquél en el que se da un "desarrollo narrativo que parte de un daño o de una carencia y pasa por funciones intermedias para concluir en un casamiento o en otras funciones utilizadas como desenlace. La función terminal puede ser la recompensa, el apoderamiento del objeto de las búsquedas, la reparación del daño..."[40].

En el Juego de la Oca podemos constatar muchas de estas funciones; la novedad es que los personajes son los propios jugadores. En efecto, estas funciones son fácilmente transportables a las estaciones que conforman el laberinto que acoge al juego. Junto a ellas, los intervalos numéricos y el simbolismo de las cifras terminan de conformar el entorno en el que habrán de desarrollarse el juego y las aventuras. Imaginemos, pues, un intrincado tablero que recogiera las peripecias del héroe Odiseo tras la toma de Troya. El mar es el elemento en el que trascurrirá el juego, un espacio laberíntico donde

---

40. V. Propp, *Morfología del cuento*, p. 121.

los caminos se confunden. Sentados ante el tablero, repasemos las funciones de Propp y comprobemos cómo fichas y casillas adquieren poco a poco la personalidad de los personajes de la *Odisea*; podremos ver en el juego la reproducción del mismo relato que Homero ha sublimado en su poema. El conjunto está a la vista de los jugadores, las sesenta y tres casillas reflejan todas las vicisitudes y posibles desarrollos del juego al modo que la rememoración de Odiseo en la isla de los feacios trae ante el auditorio el relato de los acontecimientos.

La premisa inicial obliga al héroe-jugador a iniciar el regreso-partida; esta sería la primera función de la nomenclatura de Propp: "uno de los miembros de la casa se aleja" (una vez supuesta la salida de Ítaca, es la partida de Troya tras el enfrentamiento con Poseidón la que inicia la aventura). Los textos clásicos dan cumplida información de los largos años que ha necesitado el asalto final a la ciudad de Príamo y del regreso funesto que se cobró la vida de buena parte de las fuerzas sitiadoras. Odiseo transgrede un mandato primordial, ciega al cíclope Polifemo, hijo de Poseidón; desde entonces navega sometido a pruebas y sinsabores que le llevarán a la redención a través de este mismo peregrinaje. Una a una se van cubriendo las casillas de un juego en el que el azar es la única oportunidad para la liberación. Situada la ficha del héroe en el tablero, disponemos las esferas de actuación del resto de personajes que participarán en este lance. Odiseo, en su deambular, contará con la enemistad manifiesta del antagonista Poseidón y la ayuda inestimable de Atenea y varias mujeres donantes, en términos de Propp.

La partida tiene las reglas establecidas: Odiseo debe emprender el regreso desde Troya hasta Ítaca donde le aguarda su fiel esposa Penélope, pero no es la única protagonista femenina, ni mucho menos. En realidad, podría decirse que el mismo viaje parece un itinerario cuyas estaciones son las mujeres, divinas o mortales, así como el lance del jugador está aliviado por la compañía de las ocas. Ellas lo impulsan hacia su siguiente destino, la oca madre o la oca esposa. También es curioso que Homero preste más atención a cualquiera de ellas que a la propia Penélope[41] que, con un carácter a veces contradictorio, hace dudar sobre sus intenciones.

Iniciada la jugada, son los números y su simbolismo los que atraen la atención, tanto en la *Odisea* como en el Juego de la Oca. Cassirer señala al hablar del número su dimensión mítica:

> Siempre que dos cantidades aparecen como iguales en número, es decir, cuando resulta que pueden ser coordinadas entre sí miembro a miembro, el mito "explica" esta posibilidad de coordinación, que en el conocimiento aparece como una relación puramente ideal, atribuyendo una misma "naturaleza mitológica" común a las dos cantidades... Mientras que para el pensamiento lógico el número posee una función universal, una significación universal válida, para el pensamiento mitológico aparece enteramente como una "entidad" originaria y comunica su esencia y su poder a todo aquello sometido a él[42].

El primer paralelismo entre el relato de la *Odisea* y el

---

41. Penélope es un nombre parlante cuyo significado es "la que pela o deshila" (cf. λέπω) la trama de un tejido (πήνη, πηνίον), en alusión al ardid con el que demoraba la respuesta a los pretendientes (*Od.* 2.104 ss). Es curioso constatar que de ella tomó el nombre una raza de patos, Anas penelope, el silbón europeo, conocida por la fidelidad de las parejas.

42. Cassirer (1972), pp. 183-4.

Juego de la Oca es claro: siete figuras de mujer coadyuvan en el final feliz de la partida. Siete personajes que encarnan variados papeles, desde el más relevante de Atenea hasta las actuaciones auxiliares de Circe, Calipso, Ino Leucótea, Nausícaa, Arete y Euriclea; todas sus intervenciones confluyen en el encuentro final con Penélope. Siete mujeres, como siete eran los sabios de Grecia o los reyes de Roma, siete las maravillas del mundo antiguo y siete los que fueron contra Tebas; siete los cuerpos celestes de la Antigüedad y los días de la semana[43]; y también los colores del arco iris. Esta repetición del siete convierte a este número en el símbolo del ciclo completo y la perfección.

Añadamos a esto que el tablero contiene catorce ocas, siete duplicado, que alivian la partida al jugador (como catorce era el número de efebos y doncellas elegidos para ser sacrificados al Minotauro en el laberinto; y catorce las estaciones del *via crucis*, una sustanciación religiosa de este peregrinar reparador, primigenio y politeísta)[44]; ellas impulsan al jugador hacia su siguiente destino, como el retorno de Odiseo está propiciado por la actuación de las figuras femeninas.

Las ocas aparecen dispuestas en secuencias de cuatro y cinco casillas sobre el tablero, una sucesión simbólica que conjuga el cuadrado (que figura lo racional sobre la tierra, la cruz de los puntos cardinales y el ciclo de las estaciones) con la quintaesencia de la unión representada por el cinco (que suma los principios de la vida encarnados por el cielo y la tierra, Urano y Gea). Nueve también es el número de pruebas u obstáculos que hay que afrontar en el juego (puente;

---

43. Ibidem. p. 191.

44. Sobre el simbolismo del siete en la dimensión mítica (septenarius numerus est perfectionis), cf. Cassirer (1972), pp. 186-187; 190-191.

posada; primeros dados; pozo; laberinto; cárcel; segundos dados; muerte y puerta del jardín). Encontramos una oca, así, en todas las casillas múltiples de nueve. Si nueve es la pauta entre cada pareja de ocas, también son nueve los años que permanecerá Odiseo con Calipo, auxiliar femenino que con su actuación favorece al héroe a través de su peregrinar en la búsqueda de un matrimonio renovado. Nueve días suele ser también la duración de las navegaciones, como la que lleva al laertíada de la isla Eolia hasta las inmediaciones de Ítaca; o el naufragio que lo arrastra desde el torbellino de Caribdis a la acogedora Ogigia.

4. El cuento en el Juego de la Oca

El esquema agencial de Propp se rastrea tanto en el poema homérico como en el desarrollo del juego. Cometida la transgresión inicial, se inicia la partida en la que tanto el jugador como el héroe tienen como meta la casilla 63, situada en la isla de Ítaca (final y principio) en la que aguarda la gran oca encarnada en Penélope, la función final que da sentido al conjunto. La suerte decidirá las etapas que el jugador deberá cubrir y que el héroe completará en su integridad. Destaquemos algunas de las funciones que describe Propp y que tienen cumplida presencia en el tablero y en el devenir de la *Odisea*. En la función XXII, "el héroe es auxiliado" se distingue la subfunción: "el héroe vuelve a partir, vuelve a emprender una búsqueda"; ambas están representadas en el juego a través de la posibilidad de empezar de nuevo cada vez que se da un paso atrás: ocas, puente, dados y, sobre todo, laberinto.

También el héroe se ve obligado a enfrentar algunos episodios sin apenas relevancia; cícones y lotófagos son como aquellas celdillas que ilustran los recorridos de tantos como variados tableros del Juego de la Oca podamos contemplar. La casilla 6 representa la corriente de un río que atraviesa los ojos de un puente y llevará al jugador hasta la casilla 12, o viceversa, pues la suerte no siempre es aliada del jugador. Del mismo modo, las aventuras iniciales parecen favorecer los intereses de Odiseo y sus compañeros que surcan los mares no sin algún que otro disgusto, como el terrible encuentro con los lestrígones devoradores de hombres.

Otra de las funciones estructuralistas, la XII, afirma que "el héroe sufre una prueba, un cuestionario, un ataque que le preparan para la recepción de un objeto o de un auxiliar mágico". En ocasiones el juego depara sorpresas inesperadas; también los protagonistas de los cuentos reciben la ayuda en forma de objeto mágico de un donante. Por ejemplo, la entrega por parte de Hermes a Odiseo de una hierba, *moly*, como antídoto para los hechizos de Circe. A pesar de estas ayudas, una actuación errónea devuelve a los protagonistas al peligro al no superar la prueba requerida; y, desandado el camino, ha de volver a empezar: Odiseo arriba a la isla de Eolo, el señor de los vientos. El aire es un poder renovador, capaz de fecundar y originar la vida; pero su transformación en viento y tempestad puede causar estragos. Eolo domina todos los vientos y regala a Odiseo el odre que los contiene, salvo la brisa benéfica de Céfiro que debe conducirlo con sus compañeros hasta el final del recorrido; al odre le acompaña la advertencia de no abrirlo durante la singladura, algo que encaja perfectamente con la función II: "recae sobre el protagonista una prohibición". Pero la avaricia no conoce límites; tal y como sucede en otros juegos de dados en los que la repetición de la máxima cifra es una condena a reiniciar la partida, los compañeros sospechan del contenido real del odre y al abrirlo, confiados en descubrir un preciado tesoro, desatan la fuerza incontrolable de los vientos y, al igual que el jugador que se detiene en la casilla 12 se ve arrastrado por una corriente inversa de nuevo a la casilla 6, deshacen el camino recorrido y regresan junto al divino Eolo que ya no los acoge de buen grado[45].

Existen otras figuras auxiliares que ayudan al participante a lo largo del juego: más adelante, el héroe se encontrará con otros donantes, los feacios[46]. Estos, como los dados de la casilla 26, proporcionan un impulso final, sin vuelta atrás y casi decisivo hasta Ítaca o la casilla 53; es cierto que no garantizan la victoria porque aún restan peligros que salvar, pero el desenlace está ya próximo.

En el juego, los peligros, productos de azar, son equivalentes a las prohibiciones. La suerte presenta al jugador variados peligros, sobre todo en los turnos que lo acercan al deseado final y cuya repercusión en el lance es progresiva: la posada detiene brevemente la ficha, el pozo requiere de la intervención de otro jugador para superarlo, en la cárcel se debe permanecer hasta tres manos y, por último, no eludir la casilla 58, ilustrado con algún símbolo mortal, devuelve al jugador a la casilla de salida, alejándolo casi definitivamente de cualquier posibilidad de triunfo. También el héroe del cuento maravilloso se ve sometido a numerosas pruebas antes de alcanzar el reconocimiento y la recompensa final. Es cierto

---

45. A la función II le sigue la función III, "la prohibición se transgrede", con sus consecuencias.

46. Su actuación corresponde con la función XV: "el héroe es transportado, conducido o llevado cerca del lugar donde se halla el objeto de su búsqueda".

que su proceloso navegar le depara dulces peligros que lo mantienen alejado del mar en amorosas estancias: Calipso goza de su compañía nueve años y Circe, que también es un actante decisivo en el futuro del héroe, comparte su lecho durante un largo año. Pero no todos los obstáculos son tan amables: Odiseo desciende al Hades y tiene que lograr volver a la luz de los vivos tras obtener de Tiresias la información anhelada[47]; no debe volver a transgredir las prohibiciones que los dioses han marcado (aunque sus compañeros devoren con insensato sacrilegio las vacas de Helio apacentadas en la isla de Trinacria). Conforme consume el tiempo de sus aventuras, los peligros son mayores; los episodios señalados son pasajeros y no definitivos hasta que planta cara a los dos últimos: el embaucador canto de las sirenas y el escabroso estrecho que acoge a las terribles Escila y Caribdis. En el tablero, la casilla 42, que representa la esencia laberíntica, devuelve sin contemplaciones a la celda número 30. Por su parte, la pareja de monstruos encarna el poder funesto de la espiral que decrece hacia su interior: la primera asume la espantosa apariencia de una serpiente de múltiples cabezas; mientras que Caribdis es la sustanciación en una vorágine que amenaza con abismar en el horror al náufrago.

Propp define así la función XXV: "se propone al héroe una tarea difícil"; sortear las sirenas y pasar junto a la casilla 58 son empresas de este calado. El paralelismo visual es evidente: la muerte, representada tradicionalmente por una calavera sobre un aspa de huesos, tiene su reflejo en la descripción de los arrecifes de la isla que habitan estas aves con busto de mujer, cubiertos con los restos de los que escuchan

---

47. Ahora es la función IV: "el agresor intenta obtener noticias", sin equivalente en el Juego de la Oca.

con atención sus cantos. Las sirenas son un ser híbrido, mediador entre el mar y la tierra y también entre el cielo y la tierra; y entre la vida y la muerte. Su poder es la atracción y la seducción, que obtienen mediante su canto. El peligro que suponen puede traducirse en un quebranto de la travesía, en una pérdida del regreso al hogar. En cierto sentido, tiene un parecido con los seductores peligros de la isla de los lotófagos: el olvido supone también el final del viaje. Por ello, mediante la seducción, truncan el viaje y substraen la fuente de conocimientos que en Homero es más motivo de tentación que el erótico. Así cantan las sirenas a Odiseo:

¡Ven, acércate, muy famoso Odiseo, gran gloria de los aqueos! ¡Detén tu navío para escuchar nuestra voz! Pues jamás pasó de largo por aquí nadie en su negra nave sin escuchar la voz de dulce encanto de nuestras bocas. Sino que ése, deleitándose, navega luego más sabio[48].

Así le había advertido anteriormente Circe al describir la isla:

Llegarás junto a las Sirenas, las que hechizan a todos los humanos que se aproximan a ellas. Cualquiera que en su ignorancia se les acerca y escucha su voz, a ése no le abrazarán de nuevo su mujer ni sus hijos contentos de su regreso a casa. Allí las Sirenas lo hechizan con su canto fascinante, situadas en una pradera. En torno a ellas amarillea un enorme montón de huesos y renegridos pellejos humanos putrefactos[49].

---

48. *Od.* 12.184 ss. Trad. de Carlos García Gual.

49. *Od.* 12.40-58.

Al contar a sus compañeros lo que le ha revelado Circe, la alternativa es clara: "muramos o tomemos precauciones para rehuir la muerte y el destino"[50]. Por ello, Odiseo ha de usar su astucia para salvaguardarse a sí mismo, no como los ingenuos marineros a los que el azar lleva al final del viaje de la vida. El dilema que se plantea Odiseo es entre la vida y la muerte, la imposibilidad de su retorno a la patria. Pero en el Juego de la Oca, la evasión de este peligro depende de nuevo de la suerte. Al igual que Odiseo sortea los hechizos mágicos femeninos, una oca anterior puede ayudar al jugador a sobrepasar la fatídica casilla 58, hasta la siguiente, una oca salvadora: el final del trayecto.

El final del relato coincide con la función XXXI: "el héroe se casa y asciende al trono", simbolizado por el retorno al hogar y el reencuentro con Penélope. Pero son los otros personajes femeninos, como ya se ha indicado anteriormente, los que desempeñan papeles determinantes en el transcurso de la narración. Todas las mujeres de la *Odisea* juntas muestran una alternativa a ese matrimonio renovado en un conjunto de variada personalidad. Calipso, amante ardiente pero divina, ofrece la inmortalidad al héroe a cambio de amor y de llenar su soledad infinita. Circe, maga y poderosa, se ofrece a sí misma tras ser vencida por su astucia y le proporciona las claves para salvar los seguros peligros que afrontará en el mar. Un personaje intermedio entre la ardiente Calipso y la consejera Circe es la princesa Nausícaa, enamorada con ingenuidad infantil del extranjero apenas lo descubre náufrago en la playa; su madre Arete, la más insigne de los ciudadanos de Feacia, prevalece en un mundo de varones y otorga hospitalidad a Odiseo. Participan también de estas ac-

---

50. *Od.* 12.157.

ciones coadyuvantes dos personajes fugaces, Ino Leucótea y Euriclea; la primera una divinidad que garantiza la salvadora llegada a la isla de Esqueria; la leal sirviente es el personaje con más fuerza en el palacio tomado por los arrogantes pretendientes, y el que compensa las indefiniciones de su ama Penélope[51]. Por último, Atenea procura ayuda y aliento a Odiseo y a cuantos puedan socorrerlo en su regreso. La intimidad entre la diosa y el héroe es tan nueva y estrecha que, si no fuera por el carácter virginal de la deidad y el afán censor de Homero, se podría sospechar que es el amor lo que la impulsa a protegerlo.

5. Conclusión

Las fuentes griegas nos permiten deducir que ya en la Antigüedad griega existía la estructura de un juego de mesa que combinaba azar y una carrera; también nos confirman que la invención mítica corresponde a Palamedes.

En el Juego de la Oca, tal como lo conocemos actualmente, se vislumbra un universal que comparte con la *Odisea* y los cuentos populares: un símbolo de la vida convertida en un viaje laberíntico al punto de partida, al origen; un viaje propio de Odiseo y que se revive en las vicisitudes de cada jugador y conforme a los motivos del cuento tradicional.

---

51. Añadamos aquí otra función, la XXVII, "el héroe es reconocido"; no sólo por Euriclea, sino también por el porquero Eumeo y por su hijo Telémaco.

BIBLIOGRAFIA

Arnott, W.G. (2007), *Birds in the Ancient World*, Londres.

Attali, J,. (1966), *Chemins de sagesse (traité du labyrinthe) s. l.*

Baratte, F. (1973), "Le mosaïque de Fortuna Redux à Tebassa", *Bulletin de la Societé National des antiquaires de France*.

Cassirer, E. (1945) *Antropología filosófica. Introducción a una filosofía de la cultura*. Trad. E. Imaz , México,

Cassirer, E. *(1972) Filosofía de las formas simbólicas, II. El pensamiento mítico*. Trad. A. Morones, México,

Daremberg, C. et alii. (1969) [1877 ss.]. *Dictionnaire des antiquités grecques et romaines...*, reimpr. Graz.

Dunbabin, K.M.D.(1978), *The mosaics of roman North Africa*. Oxford.

Huizinga, J.(2012). *Homo ludens*, Trad. E. Imaz, Madrid.

Ibáñez Noguerón, C. (2010), *Aproximación al laberinto*. Granada.

Kurke, L. "Ancient Greek Board Games and How to Play Them", *Classical Philology 94* (1999) 247-267.

López Poza, S. (2004), "Expresiones alegóricas del hombre como peregrino en la tierra", en *De oca a oca... polo Camiño de Santiago*. Santiago de Compostela.

Martínez Vázquez de Parga, M.J. (2008) *El tablero de la oca: Juego, figuración, símbolo*. Madrid.

Méndez Filesi, M. (2009), *El laberinto. Historia y mito*. Barcelona.

Poirier, R. (1950), *Iconographie des jeux de L'oie (1638-1950)*. París.

Propp, V. (1985) [1977] *Morfología del cuento*, trad. L. Ortiz, Madrid.

Ruipérez, M.S. y Melena, J.L. (1990), *Los griegos micénicos*. Madrid.

Santarcangeli, P. (1997), *El libro de los laberintos: Historia de un mito y de un símbolo*. Madrid.